EDIÇÕES BESTBOLSO

Paris não acaba nunca

Autora de romances, ensaios, crônicas e peças de teatro, Betty Milan tem obras publicadas na França, Argentina e China. Colaborou nos principais jornais brasileiros e foi colunista da *Folha de S. Paulo* e da *Veja*. Trabalhou para o Parlamento Internacional dos Escritores, sediado em Estrasburgo, na França. Em março de 1998, foi convidada de honra do Salão do Livro de Paris, cujo tema era o Brasil. Antes de se tornar escritora, formou-se em medicina pela Universidade de São Paulo e especializou-se em psicanálise na França com Jacques Lacan.

CB122445

Paris não acaba nunca

betty milan

1ª edição

EDIÇÕES BestBolso

RIO DE JANEIRO – 2012

CIP-BRASIL. CATALOGAÇÃO-NA-FONTE
SINDICATO NACIONAL DOS EDITORES DE LIVROS, RJ

Milan, Betty, 1944-
M582p Paris não acaba nunca / Betty Milan. – 1ªed. – Rio de
1ª ed. Janeiro: BestBolso, 2012.

ISBN 978-85-7799-385-7

1. Paris (França) – Descrições e viagens. 2. Paris (França) – Vida intelectual. I. Título.

CDD: 914.436
12-1400 CDU: 913(443.61)

Paris não acaba nunca, de autoria de Betty Milan.
Título número 301 das Edições BestBolso.
Primeira edição impressa em abril de 2012.
Texto revisado conforme o Acordo Ortográfico da Língua Portuguesa.

Copyright © Betty Milan, 1996, 2011.

www.edicoesbestbolso.com.br

Design de capa: adaptação de Simone Villas-Boas da capa publicada pela Editora Record (Luiz Stein, 2008).

Todos os direitos reservados. Proibida a reprodução, no todo ou em parte, sem autorização prévia por escrito da editora, sejam quais forem os meios empregados.

Direitos exclusivos de publicação em língua portuguesa para o Brasil em formato bolso adquiridos pelas Edições BestBolso um selo da Editora Best Seller Ltda.
Rua Argentina 171 – 20921-380 Rio de Janeiro, RJ – Tel.: 2585-2000

Impresso no Brasil

ISBN 978-85-7799-385-7

Aos que sabem errar

Ao leitor

Por que reunir aqui as crônicas publicadas semanalmente no jornal sob o mesmo título? Porque, embora independentes, foram concebidas para o todo que são agora. Neste livro, primeiro trato da Paris dos escritores e dos artistas. Mas depois focalizo a Paris de qualquer morador – a rua, o bar, a casa, as lojas, o mercado, os jardins –, a Paris subterrânea – o cemitério, as catacumbas, o metrô – e a Paris que só pode ser vista de cima. Inspiradas pela errância na cidade, estas crônicas também o são por uma escrita cujo rumo era determinado pelo que diariamente resultava do ato de escrever. Assim, os temas foram sugeridos por fatos da existência e pelo texto, que tanto me levava a evocar caminhos já trilhados quanto me induzia a percorrer outros, desconhecidos. Da vida para o texto e deste para a vida. Tomara este livro, que não dispensa o guia de viagem, faça o leitor descobrir uma cidade de que o guia não trata, porque ela não diz respeito ao que o estrangeiro deve ver, porém ao que só ele pode ver. Sim, precisamente porque lhe é dado estranhar.

1

A PARIS DE HEMINGWAY

porque desejasse escrever sobre Paris e não soubesse exatamente o que focalizar, fui à biblioteca do Centro Georges Pompidou ler *Paris é uma festa*, de Ernest Hemingway[1]

abri o livro e fiquei sabendo que só foi escrito por causa de um acontecimento de todo inesperado

depois de uma curta viagem à Espanha, em 1957, Hemingway passa por Paris e se hospeda no Hotel Ritz

qual não é a sua surpresa quando os bagagistas lhe entregam duas malas esquecidas no quarto do hotel trinta anos antes

pode isso ser verdade?, deve ele ter se perguntado, comovendo-se certamente com aquela devolução que era uma prova de amor dos parisienses

nas malas estão os cadernos nos quais ele anotava, entre 1921 e 1926, os fatos de sua vida cotidiana, dos anos em que chegou a passar fome em Paris para escrever, quando "a deliciosa Hadley", sua esposa, o chamava de Tatie

era possível receber os cadernos, nas condições extraordinárias em que isso ocorreu, e esquecê-los numa gaveta?

não, a entrega de notas guardadas durante três décadas era como um imperativo: tome e escreva sobre a cidade onde você aprendeu o ofício de escritor

e Hemingway então começa a escrever sobre a sua Paris, a que também foi a de Joyce, Pound e Fitzgerald, os escritores para os quais a literatura não era função da mídia, mas coisa sagrada, para os quais a obra era a condição da existência bastou ler algumas páginas de *Paris é uma festa* para topar com uma passagem decisiva: "Não esquenta. Você sempre escreveu até agora e vai continuar. Basta uma primeira frase que seja verdadeira"

escrevi a frase *Paris nunca é igual* e percebi que devia focalizar a Paris de quem flana pela cidade e pode, graças à errância, com ela se surpreender

foi esta Paris que, nos anos 20, atraiu Hemingway

foi ela que, nos anos 50, fez Henry Miller cantar a cidade cinza, a dos "cinzas indispensáveis à criação de uma existência plena e harmoniosa", como diz ele em *Dias tranquilos em Clichy*,[2] um livro que só pela comparação entre Nova York e Paris já se justificaria: "Broadway é a velocidade, a vertigem, o maravilhamento, e nenhum lugar onde a gente possa se sentar. Montmartre é indolente, preguiçosa, indiferente, meio pobre e sórdida; mais sedutora do que vistosa, ela não cintila à maneira da Broadway, porém luz como a brasa sobre a cinza"

a Paris da surpresa ou da iluminação é a que faz da cor cinza da cidade uma cor que permite ver ou rever todas as outras, leva para um país desconhecido ou para o país da infância e justifica o exílio do criador

só ela leva o exilado a dizer que o seu desterro é voluntário e que, sendo estrangeiro, ele é um privilegiado

ou até a dizer, como no caso de Hemingway, que a fome era uma boa disciplina, porque o fazia ver, como nunca antes, os quadros de Cézanne e entender exatamente como ele os tinha pintado tendo renunciado ao jornalismo, o autor de O *velho e o mar*[3] teve que se contentar, nos anos 20, com uma única refeição diária e aprender até mesmo a evitar as ruas onde havia padaria, quitanda ou restaurante e ele pudesse cair em tentação

mas o que era ter cãibras no estômago quando a fome o iluminava? quando perambulava por uma cidade que "sempre vale a pena, porque o sujeito aí sempre recebe algo em troca do que dá", como diz Hemingway no último capítulo de *Paris é uma festa*

capítulo justamente intitulado "Paris não tem fim"

2

UMA CIDADE ONDE O EXÍLIO É UMA PÁTRIA

a Paris de Hemingway era a de quem se deixava tomar pela cidade

ele se esquecia de si, contemplando o Sena e a vida dos pescadores no rio, vendo o desabrochar da primavera depois de uma noite de vento quente ou olhando as tantas galerias

à semelhança do vagabundo, flanava pelo cais, pelos jardins, pelas ruas; porém, à sua diferença, fazia isso para escrever

o vagabundo não tem ofício; o criador, para exercer o seu, deve saber se perder

o ofício do criador implica a errância, que não é vagabundagem; também requer uma inocência, que não é a da criança, pois se trata de uma inocência conquistada: é a do adulto que olha o mundo com olhos de criança

a Paris de Hemingway tanto era a do errante quanto a do que se torna inocente para ver

ele se deixava iluminar flanando, mas também saía em busca da iluminação que a cidade pode propiciar pelas suas tantas obras de arte

em *Paris é uma festa,* ele conta que todas as tardes atravessava as aleias do Jardim de Luxemburgo para ver os impressionistas no museu e, aí, os quadros de Cézanne lhe ensinavam que não bastava escrever frases simples e verdadeiras para alcançar, na obra, a dimensão buscada

Paris, pela presença da arte, favorece o trabalho do artista

também o favorece pelo fato de outros artistas nela terem estado e, de certa forma, continuarem presentes

Hemingway parece poder surgir a qualquer momento num café da Place Saint-Michel, se sentar e escrever com um lápis num bloco de papel, pedir primeiro um simples café com leite e, depois, quando o texto já estiver se escrevendo sozinho, um rum Saint-James da Martinica, um, dois, três copos, e fazer a moça que está à sua frente, à espera de alguém, entrar no conto e se dizer glorioso: "Eu te vi pequena e, daqui por diante, você me pertence, seja quem for o outro que você estiver esperando e ainda que eu nunca mais te reveja"

Paris também é Hemingway, e são os contemporâneos que, através do seu livro, ele imortalizou na cidade: Ezra Pound, o amigo dos pintores, dos escultores, dos poetas e dos prosadores, "que vivia num ateliê tão pobre quanto era rico o de Gertrude Stein" – a autora de "uma rosa é uma rosa é uma rosa"; Joyce, que, já quase cego, passeava no Boulevard Saint-Germain depois de ir ao cinema para ouvir os atores; Fitzgerald tomando *champagne* no Café Les Deux Magots e fazendo elogios a Hemingway, que, de tão desconcertado, preferia não escutar, só ficar bebendo e olhando para os cabelos loiros e encaracolados do autor de O *grande Gatsby*,[4] para a sua "tão perturbadora boca"

Paris são as obras e os artistas que sobre elas se debruçaram para fazer outras, é uma luz que emana do monumento, da escultura, do quadro e da letra, mas também do olhar de quem os olha um passado que propicia o sonho e relativiza o presente quando ele é sombrio e não corresponde à imagem que levou o artista a se radicar na cidade

Paris não acabou, malgrado a inexistência, hoje, de um meio como deve ter sido o de Hemingway ou como foi o dos surrealistas, em que as relações eram tramadas pela obra, e não pelo mercado

Paris ainda pode ser um exílio voluntário equivalente a uma pátria

a pátria parisiense, que não tem governo e ignora as fronteiras, recebe quem nela estiver disposto a flanar, está de braços abertos, à maneira da vitória dourada do Châtelet, um anjo de seios e coxas exuberantes que, segurando uma coroa de louros em cada mão, estende fervorosamente os braços em direção ao Sena

Paris não chama ninguém, mas deixa supor que o faz; desde sempre se deixa cantar

é uma grande dama, não vive sem a trova e o trovador

dama e manancial, ela é uma ilusão sem a qual o Ocidente não existiria e é certamente por isso que, malgrado a ordem de Hitler, não foi explodida pelos alemães na guerra

3

O *QUARTIER*, UMA ALDEIA NA METRÓPOLE

Paris é uma terra de exílio que também pode ser uma pátria, porque ela é, sem ser, uma metrópole

tanto oferece o que as outras grandes cidades têm de arrebatador quanto propicia, através do bairro, uma experiência semelhante à da cidade pequena, permitindo assim escapar ao que há de deprimente na condição do metropolitano

no bairro – ou *quartier* –, vigora o compromisso com a palavra dada e, para simplificar a vida alheia, tanto pode o padeiro vender o pão fiado quanto o farmacêutico vender um neuroléptico sem receita, desde que o sujeito se comprometa a lhe trazer logo uma

a fidelidade ao comerciante é recompensada pela confiança no comprador, que assim vale pela sua palavra; é dito um homem de palavra – ou não

o comerciante cuja atenção é a mais disputada é o açougueiro – todo parisiense que pode tem o seu e fala dele utilizando o possessivo, diz *mon boucher*

o açougueiro, por sua vez, é um comerciante particularmente atento, pois é o comprador que lhe confere a unicidade necessária para que ele seja reconhecido como um bom profissional e a sua formação seja valorizada

o que seria a França sem a ciência do corte da carne? sem, por exemplo, o *tournedos*, cortado no filé do boi e embalado numa tira fina de gordura, que também serve para untar a frigideira? sem a *entrecôte*, que se corta entre as costelas do boi e o açougueiro ensina a preparar *au poivre* – com os grãos de pimenta finamente moídos – ou à *la bordelaise* – com o molho de vinho tinto de Bordeaux?

o bairro não é concebível sem as explicações que o açougueiro dá e os pratos todos com que ele faz sonhar; o *boeuf bourguignon,* por exemplo, em que a carne mais dura, pelo longo cozimento no vinho da Bourgogne, se converte na mais tenra

Paris não é Paris sem a vitrine que o açougueiro todo dia prepara artisticamente, distribuindo a carne segundo o corte e a cor, ou melhor, a nuance

na extrema esquerda da vitrine e na parte de cima, a carne vermelha, a do boi; na parte do meio, o cordeiro, que é rosado; embaixo, as salsichas, em que o branco se alterna com alguma nuance de vermelho

no centro à esquerda, de alto a baixo, tudo o que é vitela; o espaço é inteiro *rosé*

à direita do centro estão os coelhos, os frangos e as pernas de peru, que, pela cor, servem para separar os frangos do espaço dos pombos e dos patos, alinhados na extrema direita da vitrine com uma bela etiqueta vermelha no peito

verdade que esse tesouro, contrariamente ao da salsicharia ou ao da padaria, não é acessível a qualquer um – ele implica certo conhecimento da culinária e as explicações do açougueiro

é um tesouro que, de saída, pode inibir, mas também pode ser a causa de um elo entre dois indivíduos destinados a ser só comprador e vendedor e que, de conversa em conversa, acabam tendo uma cumplicidade inesperada trata-se de uma cumplicidade particular, que só diz respeito ao bairro e é própria aos seus moradores e trabalhadores, aos que vão a pé comprar o pão na mesma padaria, tomam café no mesmo bistrô, frequentam o mesmo jornaleiro, compram a carne no mesmo açougue, recorrem ao mesmo médico, levam as crianças para estudar na mesma escola e brincar no mesmo jardim

o bairro é a pequena pátria dos que lamentam em coro a ausência de um bom comerciante ou a supressão de algum serviço fornecido pela cidade, dos que um dia se viram às voltas com os bebês nos braços e, ao se cruzar, algumas décadas depois, perguntam como vão as crianças – dos que têm, por assim dizer, a mesma saudade

4

PARIS É LITERÁRIA COMO O RIO É MUSICAL

Paris não propicia a pena de si mesmo por causa da solidão

ou porque a rua ofereça alguma surpresa – uma escultura que havia passado despercebida, uma porta, uma torre vista de um ângulo novo – ou pela surpreendente beleza da paisagem, que faz da pena de si mesmo uma insensatez

o impacto da paisagem sobre o indivíduo é um dos temas de Hemingway: "com os pescadores e a vida no rio, as barcaças tão bonitas e os marinheiros a bordo, com os rebocadores, cujas chaminés na passagem das pontes se dobram para trás, com os olmos sobre as margens de pedra, ao longo do rio inteiro, os plátanos e, em alguns lugares, os álamos, eu nunca podia me sentir sozinho"

Hemingway se entregava à paisagem e, sob a ação do que via, se transformava no narrador do livro que iria escrever anos depois, mas que já então se fazia

nas margens arborizadas do Sena, ele passava do real para o fictício

com isso se drogava, com a súbita iluminação que o fazia estar esquecido e tornava impossível a experiência amarga da solidão, que requer a consciência de si

por ter sido uma droga para Hemingway, Paris era uma festa; ela é um vício de escritor, que tanto precisa perambular para mais se afastar da realidade e mais adentrar na sua paisagem imaginária quanto, para não estar só, andar por onde outros escritores anteriormente estiveram olhando o Sena, vejo águas cor de garapa e me transporto para a infância, imagino a moenda e o moendeiro, ouço o ruído do colmo da cana se quebrando e do líquido escorrendo, sinto o perfume da garapa e o seu gosto adocicado

passando em frente da Notre-Dame, é *Notre-Dame de Paris*[5] que me vem à mente e é Victor Hugo, que morava perto e se fechou em casa como numa prisão para escrever esse livro

como não ver, então, olhando para o adro da igreja, a cigana do romance, a jovem que tinha cabelos negros e olhos de fogo, era esperta como uma vespa, dançava fazendo com os braços um arco em cima da cabeça e se chamava Esmeralda?

como não pensar em Quasímodo, o Corcunda de Notre-Dame?

Victor Hugo o comparou a uma caricatura – cabeçorra, corcunda, coxas que pareciam foices e mãos monstruosas –, mas fez o monstro, pela sua devoção a Esmeralda, contar com toda a simpatia do leitor e assim o imortalizou

Notre-Dame é impensável sem o corcunda e tampouco sem Gargântua, que, do alto de uma das torres, teria urinado sobre os parisienses, levando-os a insultá-lo, porém, também a rir, *"répondre par ris"*, com o que a cidade, de nome Lutécia, teria passado a se chamar Paris, segundo a etimologia bufona inventada por Rabelais em *Gargântua e Pantagruel*[6]

em todas as suas pedras, a igreja revela, como diz Victor Hugo, a fantasia do operário disciplinada pelo gênio do artista e, por isso, ela tanto faz sonhar o homem da Renascença quanto o moderno

Paris é o cenário dos sonhos de vários escritores e dos personagens que deles nasceram, como o Rio de Janeiro é o dos sambistas e dos personagens que o Carnaval todo ano faz surgir

estrangeiro nenhum pensa no Rio sem se lembrar do samba e dos destaques carnavalescos

a bandeira carioca não é conhecida por muitos brasileiros, porém são raríssimos os que desconhecem as principais letras de samba

"Touradas de Madri" foi a coqueluche de uma geração inteira e talvez não seja possível ser brasileiro sem cantar essa marchinha:

> Eu fui às touradas de Madri
> (...)
> Eu conheci uma espanhola
> Natural da Catalunha
> Queria que eu tocasse castanhola
> E pegasse o touro a unha
> Caramba, caracoles
> Sou do samba
> Não me amoles
>
> JOÃO DE BARRO (Braguinha) e
> ALBERTO RIBEIRO, 1937

no Rio existe música no ar, Paris é uma cidade literária e todo escritor, de certo modo, é parisiense de nação, além de ser *parrhisiense* por sua relação com a palavra, pois *parrhisia*, em grego, significa liberdade de falar para ter tal liberdade, os escritores se exilam em Paris, onde não é preciso corresponder a nenhum ideal e todas as experiências são, por definição, clandestinas, porque não mora em Paris o familiar ou conhecido que as poderia julgar

à sua moda, o escritor vive na clandestinidade, não somente porque não está ao alcance dos conhecidos, porém ainda porque, imaginando, ele se translada para países que nem ele próprio sabe designar

como o louco, ele perambula, mas, à diferença do louco, passa pelo mesmo lugar para chegar a um sítio inteiramente novo

em outras palavras, o escritor flana para não se repetir

5

O ARTISTA EM PARIS

só pelo quadro de Manet, *Le déjeuner sur l'herbe*,[7] Paris é uma passagem obrigatória para qualquer artista

o quadro talvez seja o melhor exemplo do que significa ser moderno sendo eterno

a mulher nua que olha para o espectador flagra o seu olhar e revela o voyeurismo que todo espectador deseja encobrir

a obra é escandalosa por causa do olhar da mulher nua, que, além de fazer do espectador um objeto, o expõe como objeto da própria paixão voyeurista

Manet é eternamente moderno, porque ninguém foi, vai ou irá a uma exposição para ser visto por alguém que está no quadro e para ser obrigado a se olhar, confrontar-se com o próprio desejo

não era por acaso que Hemingway ia sempre ver os quadros dele; ia aprender a ousar como o pintor, que sobretudo preconizava a originalidade do artista

tendo sido convidado a formar outros pintores, Manet respondeu: "Não posso ter alunos. O que lhes transmitiria eu? Nada ou muito pouco, que pode ser resumido em duas frases: a primeira é que o preto não existe; a segunda é não faça nada do que você já viu nas obras dos outros"[8]

com a resposta, Manet afirmava que o artista deve conhecer a arte dos predecessores para não repetir, para encontrar outra saída mas, além disso, ensinava que o artista só pode encontrar sozinho o seu caminho ou, noutros termos, nem tem como aprender com os outros e nem tem como ensinar; o seu ofício nem lhe propicia um mestre e nem faz dele um

precisamente porque não se tomava por mestre, Manet podia servir de exemplo e, por isso, reuniu em torno de si pintores totalmente independentes e diversos uns dos outros – os futuros impressionistas –, além de receber vários escritores no seu ateliê

iam todos não para fazer a mesma coisa que ele, mas para fazer outra coisa com a mesma audácia

Paris pode ensinar o artista à maneira de Manet, ou seja, incitando a olhar as obras de arte

basta o artista se radicar na cidade para aprender o seu ofício

porque ela o incita a isso, e ele é um autodidata; forma-se decifrando o modo como os outros procederam e o comparando ao seu

decifra e compara até se tomar inteiramente espontâneo por conhecer e aceitar o próprio modo, que é a sua arte; até conseguir se exercitar nesta como quem anda numa cidade muito conhecida e, não tendo medo de errar o caminho, pode ir distraidamente por uma ou outra rua, pois está sempre certo de chegar

o artista se torna espontâneo, ou livre, quando a forma a que estava destinado passa a ser a que ele privilegia ele é então independente da opinião alheia, embora esteja sujeito às suas pressões

em *Paris é uma festa,* Hemingway dá um belo testemunho dessa independência

lembra que, ao escrever "Fora de estação", havia deixado de narrar o fim do conto, por causa de uma sua teoria, segundo a qual a omissão pode dar mais força à narrativa e o autor pode omitir qualquer parte de uma história, conquanto isso seja deliberado

estava perfeitamente consciente de que ninguém compreendia seu novo modo de escrever, mas sustentava que os leitores acabariam compreendendo e, para tanto, só era preciso tempo e confiança

Hemingway sabia que era necessário insistir e que, sem isso, a arte desapareceria – o novo não teria como emergir

por ser uma terra de exílio, um lugar onde o artista vive a salvo das pressões, Paris favorece a resistência

por ter sido o lugar onde vários artistas ousaram dizer *não* à tentação imediatista do sucesso, Paris é uma cidade privilegiada na história da arte, a qual também é feita de coragem

6

A DITADURA DA MODA

quem perambula por uma cidade não vê as mesmas coisas quando passa pelo mesmo lugar

Paris favorece essa experiência, tanto pela concentração de monumentos quanto pela animação das ruas

à maneira de uma obra de arte, em que há sempre um sentido novo a desvelar, a cidade não se esgota

quem para, durante um dia de sol, no lugar onde a Île de la Cité encontra a Île Saint-Louis, através da Pont Saint-Louis, não consegue deixar de olhar

ao voltar-se para o Quai aux Fleurs, é tomado por Notre-Dame, que, vista de trás, parece poder se deslocar – os arcos de reforço são como tentáculos

se, nesse mesmo lugar, virar um pouco a cabeça para a direita, será tomado pelo Hôtel de Ville e pela Tour Saint-Jacques, ponto de partida de peregrinação para Santiago de Compostela

depois de bater os olhos no conjunto, forçosamente focaliza as estátuas verde-água, de cobre, que se enfileiram no topo do Hôtel de Ville – como cavaleiros medievais de lança em punho e viseira levantada

daí, por já ter contemplado Notre-Dame, se lembra das estátuas de cobre dos apóstolos e evangelistas, em cima do flanco oriental da igreja, e quer de novo olhar para ela

roda a cabeça e agora a flecha medieval, restaurada no século XIX por Viollet-le-Duc,[9] o leva para o alto; como na Idade Média, faz ver o céu nesse ínterim, alguém terá aberto a janela de um dos apartamentos do Quai aux Fleurs e a bela arquitetura dos prédios que o século XIX construiu para emoldurar a catedral se impõe

virando depois a cabeça para a esquerda, é a cúpula do Panthéon que o surpreende, o peristilo coríntio, imitando o do panteão de Roma; talvez se lembre de que Paris antes foi Lutécia, uma cidade galo-romana

a cada movimento da cabeça terá sido a imagem de uma época da civilização

voltando de costas para o Quai aux Fleurs e se debruçando sobre a grade verde da ponte, de novo não saberá para onde olha

se para as águas do rio que ondulam apaziguadas pelos raios de sol, ou para o patinho preto que sai de baixo da ponte e segue reluzindo em direção à margem; se para o cargueiro que passa levando material de construção, para o barco de passageiros, dando adeus ao homem que se encontra na ponte, ou para os chorões que se debruçam sobre o cais até quase atingir as águas

isso, se não for indiscreto, não quiser olhar as mocinhas de *topless* se deliciando ao sol ou os namorados se beijando na rampa que leva do cais até o rio

nesse ponto da cidade, Paris é mesmo uma festa e, se o dia for de primavera, o prazer será sem limites

Hemingway escreveu que, durante a primavera em Paris, o falso problema que se colocava era o de ser tão feliz quanto possível e só a perspectiva de algum encontro podia estragar a sua hora só as pessoas podiam colocar limites à felicidade, com exceção obviamente das que eram tão benfazejas quanto a primavera

o que Hemingway escreveu a propósito dos anos 20 ainda é válido hoje – tirante o encontro com os amigos, a gente está sempre pisando em ovos

no meio editorial ou em outros meios profissionais parisienses, as pessoas são julgadas menos pela qualidade da sua produção do que pela quantidade de submissão aos valores do ambiente

no começo do século XXI, ainda prevalecem os critérios e as condutas da Corte

por isso, o sujeito é absolutamente dependente da opinião dos outros

qualquer desvio pode significar o banimento, o que é contrário à liberdade requerida pelo trabalho artístico

Marguerite Yourcenar[10] se exilou nos Estados Unidos precisamente para escapar ao meio literário francês e a todas as suas convenções

declarou que o esnobismo parisiense a teria aprisionado, obrigando-a a repetir clichês estilísticos; a única maneira de conservar a independência era permanecer fora

7

A RESISTÊNCIA AO NOVO

em Paris, quem entra na estação do metrô tanto pode ser surpreendido por alguma variação de Paganini – e com ela se transportar esfuziante para outra cena – quanto ouvir, por exemplo, a música lenta e triste dos índios do planalto andino tocada por um grupo de bolivianos vestidos de preto da cabeça aos pés

apesar da tristeza que deles emana, o espaço da estação lhes pertence

em Paris, estão em casa, porque a cidade dá abrigo e proteção para a sua cultura natal

os bolivianos que, na Bolívia, talvez não possam cantar a sua terra – por terem nela ancestrais assassinados –, recuperam o perdido país tocando no metrô

ao fazerem isso, escapam momentaneamente ao presente de desterrados

o som triste de sua flauta traz o Lago Titicaca para a França e justifica a existência deles

Paris é a pátria dos que só aí podem ter saudade de casa, os artistas e os outros que vivem exilados no próprio país

quem canta a saudade afirma que o passado foi bom, o bem portanto existe e pode, no futuro, retornar

noutras palavras, canta a esperança

pátria da saudade e da esperança, Paris também é o lugar onde o artista que ainda não tem um produtor, mas tem talento, pode trabalhar apresenta-se na rua e aí encontra um público que, aliás, se forma de modo espontâneo e é pagante

50 centavos, 1, 2 euros singelamente atirados no bojo de um chapéu, que o artista passa ou deixa à sua frente enquanto se apresenta, valendo-se, por exemplo, da fachada de Notre-Dame como fundo e da música de um gravador como acompanhamento

o chapéu vira bilheteria; a fachada, cenário; o gravador, orquestra; e o mais é função exclusiva da competência, que Paris assim treina

tal cena se repete nos jardins, nas praças e nas pontes – Place Saint-Germain-des-Prés, Place Beaubourg, Pont Saint-Louis – e não há um morador da cidade que não tenha uma boa lembrança de um cantor, de um mimo ou de um violinista; para não falar das figuras de circo que se apresentam sozinhas, o saltimbanco, o palhaço, o engolidor de fogo

o gosto do parisiense pela arte está na raiz do seu cosmopolitismo

é através da admiração que ele integra o que vem de fora

a presença do artista estrangeiro na cidade é, aliás, considerável e, quando se trata da beleza de Paris, o único critério é o talento

a melhor prova disso é a escolha de um arquiteto chinês radicado nos Estados Unidos para o maior de todos os projetos arquitetânicos parisienses – o Museu do Louvre –, que I.M. Pei transformou, evocando galantemente as concepções de um artista francês: Le Nôtre, o jardineiro de Luís XIV[11] não é pelo exotismo de um objeto artístico que o parisiense se interessa, e, sim, pela sua universalidade

mas ele quer o que pertence ao outro e é universal, conquanto tal coisa tenha um lugar no repertório conhecido

o que é verdadeiramente novo e diferente requer mais tempo para ser assimilado do que na América, seja ela do norte ou do sul

isso, aliás, tanto vale para o que é estrangeiro quanto para o nacional

um exemplo é o da estátua de Balzac por Rodin,[12] que, depois de ter refletido durante três anos, não quis esculpir o escritor vestido de casaca e o apresentou envolto num roupão, como ele costumava ficar

a crítica não poupou Rodin – era possível que tivesse levado três anos procurando o endereço do alfaiate do escritor para depois exibi-lo num saco?, perguntava maliciosamente

consequência: a escultura ficou no ateliê de Rodin e só passou do gesso ao bronze vinte anos depois da morte do escultor

outro exemplo da resistência ao novo é a história da pintura de Manet, que só foi premiada no Salão em 1881, dois anos antes de sua morte, e só entrou para a coleção do Louvre em 1890, graças aos esforços reiterados de seu colega Monet, que em 1890, enviou a seguinte carta ao ministro: "Manet não apenas desempenhou um grande papel individual, mas foi, além disso, o representante de uma grande e fecunda evolução. Parece-nos impossível que tal obra não tenha o seu lugar nas coleções nacionais, que o mestre não tenha entrada onde já foram admitidos os discípulos"[13]

8

UMA CIDADE QUE CONSAGRA OS ESCRITORES

Paris ama os escritores e perpetua de várias formas a sua memória: consagrando-lhes museus, dando seus nomes às ruas, esculpindo-os, indicando com placas as suas residências e os enterrando no Panthéon

a casa que foi de Balzac de 1840 a 1847 transformou-se no Museu Balzac, onde manuscritos, cartas, quadros em que ele aparece e seus objetos pessoais estão à mostra

o apartamento da Place des Vosges, onde Victor Hugo escreveu *Os miseráveis*[14] e recebia Balzac, entre outros grandes artistas, foi transformado num museu que retraça o percurso do poeta e romancista desde seu nascimento até o Panthéon e exibe 300 dos seus mil desenhos, além de várias das ilustrações existentes para *Notre-Dame de Paris*

há museus para os escritores consagrados e ruas com seus nomes: Rue Corneille, Rue Racine, Rue Molière, Boulevard Diderot, Quai Voltaire...

na frente da Sorbonne, Montaigne, esculpido em bronze, senta-se de braços e pernas cruzados, um livro fechado na mão e o olhar de quem medita, tão indiferente a quem passa quanto ao batom que, ano após ano, os estudantes do Quartier Latin lhe põem nos lábios

quem olha detidamente para a estátua não pode deixar de ler na sua base a declaração de amor que Montaigne[15] faz a Paris: "Só sou francês por causa desta grande cidade"

no Museu Rodin, Paris reverencia Balzac com uma escultura em que o escritor, pelo olhar e pela postura, parece entregue à reflexão e inteiramente alheio aos circundantes, simbolizando o próprio ato da criação

Victor Hugo, além do museu que lhe é próprio, também tem, no Museu Rodin, uma escultura surpreendente

obras de arte para glorificar os escritores, mas ainda placas indicativas do lugar onde trabalharam e viveram

no número 17 da Rue Visconti, lê-se que Balzac aí estabeleceu a sua gráfica

no número 30 da Rue du Dragon, que Victor Hugo aí morou em 1821

uma proporção considerável das placas parisienses diz respeito, aliás, aos literatos, tanto franceses quanto estrangeiros que viveram em Paris, como, por exemplo, Oscar Wilde (Rue des Beaux-Arts)

entre as placas, algumas são tocantes; é o caso da que evoca Robert Desnos, o poeta francês preso pela Gestapo e deportado para o campo de concentração: "Morreu por amar a liberdade, o progresso e a justiça" (Rue Mazarine)

a cidade não cessa de relembrar essas vidas no seu espaço e as relembra ainda no espaço fechado do Panthéon, onde estão enterrados Rousseau, Voltaire, Victor Hugo e Émile Zola

Paris imortaliza os escritores para se imortalizar e, à sua maneira, mostra o quão irrisório é o sucesso produzido pela mídia quando comparado à glória que eterniza o sucesso, cria condições para este se tornar perenemente atual o sucesso é uma produção da cultura americana moderna, já a glória é uma produção da cultura francesa aristocrática – aquele tende a ser passageiro, não implica a memória e precisa ser incessantemente conquistado; esta se quer eterna, é sinônimo de rememoração e é alcançada de uma vez por todas, nasce da luta do homem contra o Tempo, é a sua vitória imaginária sobre a morte

o escritor que Paris consagra é tão intocável quanto a cidade, que o patrimônio histórico não deixa modificar

Henry Miller escreveu com razão em *Dias tranquilos em Clichy* que o respeito dos franceses pelo escritor é tamanho que ele nunca será considerado um criminoso comum

por isso talvez Oswald de Andrade tenha escrito num de seus poemas que voltava ao Brasil contrabandeando saudade de Paris

9

PASSEAR É FUNDAMENTAL

uma das placas comemorativas mais comoventes de Paris encontra-se no Quai Bourbon, na Île Saint-Louis

fica em frente à residência da escultora Camille Claudel,[16] que foi amante de Rodin, cujo papel foi representado por Isabelle Adjani num filme de grande sucesso

a placa é feita de duas frases

a primeira apresenta Camille Claudel como artista e evoca seu fim trágico: "Viveu e trabalhou neste imóvel, no térreo, de 1899 a 1913, data em que terminou sua breve carreira de artista e começou a longa noite da internação"

a segunda é uma frase da própria escultora numa carta a Rodin: "Há sempre algo de ausente que me atormenta"

quem lê e sabe da relação amorosa entre os dois pensa na loucura de que Camille foi vítima e a associa à sua paixão por Rodin, que só a amou dividido entre a esposa e ela

é o amor que então entra em cena e leva o transeunte para alguma cena imaginária passada, presente ou futura

a paixão amorosa é o que se espera de Paris, e a própria cidade se concebe, através da música, como um lugar onde o céu ama a terra – "*Le ciel de Paris est épris de l'Île Saint-Louis*" – e os namorados passeiam felizes, porque tudo é feito para o amor – "*Sous le ciel de Paris marchent des amoureux dont le bonheur se construit dans un air fait pour eux*"

tudo é feito para o amor, porque é o passeio que convém aos amantes e Paris sobretudo convida a passear não é uma cidade que se atravessa simplesmente, como Chicago ou a maioria das cidades americanas, mas que se tende a percorrer, ora se deixando arrebatar pela realidade ora pela imaginação

nela, o que conta é o percurso

quem, para ir do Louvre ao Châtelet, vai de metrô ou pela Rue de Rivoli, e não pelo caminho do cais, deixará de ver o Sena se abrir em dois no Square du Vert Galant, encimado pela ponte das máscaras e das conversadeiras – Pont Neuf; perderá também o espetáculo das torres medievais da Conciergerie se refletindo nas águas do rio

anda! é o imperativo da cidade, que, por outro lado, sempre oferece um banco para a gente se sentar à beira do Sena, nas praças...

nos dias bonitos, Paris é o paraíso dos namorados, que andam de mãos dadas e se acariciam na rua, inspirados pelo cenário e, talvez, pela memória da voz de Edith Piaf[17] cantando "*la main dans la main*"

Paris autoriza a carícia e favorece a reconciliação

"nas imediações de Notre-Dame, tem conserto para tudo", cantava Piaf, tão siderada pelas inflexões da própria voz quanto pela cidade de cujas ruas ela é originária

embora cinza, Paris propicia a ilusão de uma existência colorida e, por ser inesgotável, dá a certeza de que a cor vai se renovar

na primavera ou no verão, não há nada melhor do que sair sem rumo – só parar por causa de uma voz, de um concerto, de uma escultura pela qual, sem se dar conta, a gente terá passado inúmeras vezes

o sentimento, então, é de irrealidade

mesmo sem ter consumido droga alguma, o sujeito parece estar drogado; simplesmente andando, viaja

Paris é uma cidade que a beleza elegeu para si e a presença da Vênus de Milo, no Louvre, não deve ser um acaso

aliás, não é

descoberta em 1820 na ilha grega de nome Milo, a Vênus foi, por assim dizer, arrebatada pelos franceses

o camponês que a descobriu procurava pedras para construir sua casa

movido pela procura, escava a terra da ilha no lugar das ruínas de um monumento antigo e topa num bloco de mármore

por achar o bloco demasiadamente irregular, resolve enterrá-lo de novo

por sorte, a cena é presenciada por um aluno da marinha francesa, um jovem conhecedor das antiguidades gregas, que exorta o camponês a escavar mais

o homem atende e é a parte inferior da estátua que aparece

o jovem então imediatamente informa a autoridade consular francesa, que, embora interessada na aquisição de obras de arte, demora para tomar as providências necessárias nesse meio-tempo, um dignatário grego fica sabendo da descoberta e compra a escultura, que deveria ir para Constantinopla, capital do Império Otomano, ao qual a Grécia pertencia na época

avisados disso, os franceses vão ter com as autoridades da ilha e, depois de uma longa tratativa, conseguem anular o negócio feito com o dignatário e comprar a Vênus

se isso aconteceu por causa da competência da diplomacia francesa ou da presença de um navio de guerra na ilha, até hoje ninguém sabe; o fato é que a Vênus está no Louvre, foi de Milo e agora é de Paris

10

UMA RUA MAIS HOSPITALEIRA DO QUE A CASA

se Paris tivesse uma deusa protetora, Vênus certamente teria sido a escolhida; já o deus da cidade seria Morfeu que, com uma flor, adormece os mortais e suscita o sonho

em Paris, a realidade é como a outra face do irreal, ela adormece a consciência reflexiva e faz sonhar

pelo que existe de teatral na cidade?

quando a noite cai e a luz do dia é substituída pela luz amarela ou rosa dos lampadários, a paisagem mais parece um cenário; o espaço urbano lembra o de um teatro e, insensivelmente, prepara o sujeito para a ficção

quem porventura estiver no Quai aux Fleurs na hora em que os lampadários se acendem, terá a sensação de que a qualquer momento algum personagem do elenco de uma peça desconhecida vai aparecer num dos balcões das fachadas dos prédios do século XIX e de que o primeiro ato vai começar

movido pela sua fantasia, o sujeito fixa o olhar nos balcões de ferro e nas fachadas abauladas, em cuja beleza não pode deixar de pôr reparo

como o personagem esperado não surge, só resta imaginar, e ele passa da contemplação da realidade externa para a da realidade interna; passa, através da cidade, a se olhar

Paris faz o sonho magicamente aparecer, como pretendia o surrealismo, e, só por isso, poderia ser dita uma cidade surrealista mas ela também o é porque o maravilhoso é cotidiano e vice-versa, como o surrealismo preconizava que fosse

aliás, não deve ter sido por acaso que este movimento nasceu em Paris

a tal ponto a cidade valoriza o sonho que a rua é nela mais hospitaleira do que a casa, a qual, na maioria das vezes, se limita a um espaço mínimo e, por isso, de precário conforto

precisamente por tal hospitalidade, Henry Miller, terminando o seu dia de trabalho, saía a andar, confundir-se com a multidão, enquanto, em Nova York, ia sempre para casa, como conta em *Dias tranquilos em Clichy*

mesmo sendo pobre, em Paris, o sujeito dispõe de um tesouro, como Miller escreve: "Olhar o Sacré-Coeur de qualquer lugar da Rue Laffitte bastaria para me levar ao êxtase, e isso acontecia inclusive quando a fome apertava e eu não tinha onde dormir. Aqui (em Nova York), ainda que eu dispusesse de mil dólares, não encontraria um único espetáculo capaz de fazer brotar em mim um encanto comparável"

o *clochard,* o homem que prefere viver nas ruas de Paris, dormir na saída do metrô ou sob a ponte, é um sem-teto que não ameaça ninguém, porque o tesouro da rua está ao seu alcance, porque para ele basta ver a cidade se transfigurar ao despertar do dia, ao cair da noite ou nas estações, com o *bateau-mouche* que passa irradiando luz ou a Torre Eiffel iluminada

figura indissociável de Paris, o *clochard,* acima de tudo, quer o sonho que a cidade propicia, deseja ser perenemente tocado pela flor de Morfeu o parisiense ama a rua, onde há bancos para descansar da caminhada e a cada esquina um café para tomar um expresso excelente ou qualquer outra bebida, telefonar e, no inverno, se aquecer; ama a cidade que a cada bairro lhe oferece mais de um jardim e várias bibliotecas – por isso, aliás, quem vive em Paris não se importa com o fato de morar num espaço pequeno e só poder receber os íntimos

e para que receber em casa se há bares onde, por relativamente pouco dinheiro, é possível passar um bom tempo, algumas horas até, sem ser importunado por quem quer que seja?

bares onde muitos franceses escreveram as suas obras e este fato é rememorado, como, por exemplo, no Café Procope, o mais antigo do mundo, que celebra, em uma placa comemorativa, a existência dos escritores que recebeu nos séculos XVIII e XIX: Voltaire, Balzac, Victor Hugo, Verlaine e Anatole France

são bares inseparáveis da Literatura, ditos cafés literários, de que também é bom exemplo o Les Deux Magots, onde o surrealismo nasceu, ou o Café de Flore, muito frequentado por Albert Camus – cujos textos eram aí corrigidos por um garçom cognominado Descartes – e por Jean-Paul Sartre, para quem o patrão não hesitou em instalar uma linha de telefone especial

11

O BAR, UMA EXTENSÃO DA CASA

o bar, em Paris, é algo muito especial

quem lê *Paris é uma festa,* de Hemingway, se surpreende com a quantidade de bares que o escritor frequentou: o Café des Amateurs, dos primeiros tempos na cidade, um bar triste e sujo na Place de la Contrescarpe, ponto de reunião dos bêbados do bairro; o bar da Place Saint-Michel, limpo e quente, bom para escrever; o Dingo Bar, na Rue Delambre, onde conheceu Fitzgerald; a Closerie des Lilas, onde escrevia tomando *café crème* e Fitzgerald, já amigo de Hemingway, falou com satisfação e modéstia de O *grande Gatsby,* lamentando que o livro não se vendesse bem; o bar do Ritz, ponto de encontro de Zelda e Fitzgerald, um bar então caro demais para Hemingway e que, hoje, apresenta no *menu* um drinque com o seu nome; o Les Deux Magots, no Boulevard Saint-Germain, onde foi um dia encontrar James Joyce

o autor de *Paris é uma festa* ia ao bar para beber, escrever ou conversar com os amigos

o bar, de certa forma, fazia as vezes de escritório, o que é perfeitamente compreensível numa cidade onde não há na casa um cômodo especial para escrever ou receber amigos

na mesa do bar, Hemingway talvez até pudesse trabalhar melhor do que o faria no escritório, por estar inteiramente fora do alcance dos conhecidos e a conduta dos circundantes ser, em geral, favorável ao escritor

ali, também podia encontrar amigos sem incomodar Hadley, a mulher com quem vivia, e estar algum tempo com aqueles sem a presença da companheira o bar institui um espaço que, sendo público, é privativo das pessoas que combinaram se ver

garante a privacidade e permite estar entre os outros – por isso, ele é, para os amigos, um espaço de convívio perfeito

para os amantes, é um ponto de encontro ideal, não só porque ali estão, como querem, longe dos conhecidos, mas ainda porque nenhum desconhecido se permitiria interromper sua conversa

ficam, na verdade, tão protegidos quanto quem escreve

que os amantes possam se espelhar e o escritor possa estar debruçado sobre o texto

o bar autoriza diferentes desejos e, para os solteiros, talvez não haja, em Paris, lugar melhor

quem mora sozinho, ali repousa da sua solidão, sem ser obrigado a encontrar alguém só para não estar só

está entre os outros e pode, se quiser, continuar sozinho

talvez não exista privilégio maior do que a possibilidade de se sentar à mesa de um bar, pedir apenas um café e ficar durante o tempo que se desejar sem ser importunado

só por isso já valeria a pena estar em Paris

verdade que em Nova York nada impede alguém de se sentar à mesa de um bar e pedir apenas um café, mas o sujeito dificilmente poderá lá permanecer muitas horas o bar talvez seja a instituição francesa mais democrática de todas; sempre aberto para o escritor, o amigo, o amante, o solteiro ou o simplesmente desacompanhado

aberto e acessível

alguns euros e o garçom serve um *kir* – copo de vinho branco com licor de cassis

querendo, você toma seu *kir* ouvindo Piaf ou Yves Montand – basta introduzir uma moedinha no gravador e apertar depois um botão

mais alguns euros e será um sanduíche, *paté* ou *camembert,* feito com meia baguete

se estiver frio e quiser um prato quente, haverá sempre uma boa omelete de queijo, presunto ou *champignon* ou um bife com batatas fritas, a tradicional *bavette aux échalottes,* um bife que poderá ser malpassado – *bleu* – ou ao ponto – *à point*

no outono, no inverno e nos dias chuvosos – muito frequentes em Paris –, a vida seria difícil sem o bar, que serve para a gente se proteger do frio e da chuva e é um lugar privilegiado de encontro numa cidade onde as pessoas quase nunca marcam encontro na própria casa, um espaço que só se abre para os de fora quando o dono convida, em que nenhuma pessoa educada entra sem ser previamente convidada

12

NA CASA, QUANTO MENOS, MELHOR

a casa, em Paris, é em geral um espaço em que o morador vive consigo mesmo, com os companheiros ou os familiares, e a tal ponto exclui no cotidiano as pessoas de fora que só excepcionalmente alguém chega e bate na porta da casa alheia sem convite ou aviso prévio

nem a relação de vizinhança justifica essa conduta

o bom vizinho é, por sinal, o que não se vale da proximidade para impor sua presença; o que só faz cumprimentar e mais nada

no livro *Dias tranquilos em Clichy*, Henry Miller conta que, estando uma noite em casa sem pão para comer o queijo, ele foi ao lixo ver se ainda restava algum pedaço, mas não recorreu a ninguém

Miller só deu importância ao fato por ser americano e assim ter como estranhar a conduta dos franceses

a norma é não bater na porta do vizinho, cuja intimidade, por causa da estreiteza das ruas e da proximidade entre os prédios, pode, no entanto, ser facilmente violada através da janela

seja como for, o parisiense procura, de todas as maneiras, preservar a sua privacidade, e esta talvez seja a única forma de viver numa cidade onde a residência é exígua

o tamanho, aliás, traz uma série de consequências

uma delas é a apropriação do espaço todo da casa pelo dono, centímetro por centímetro ninguém precisa refletir muito para deduzir que esta casa pode servir perfeitamente bem ao morador habitual, mas não ao hóspede, que, mesmo no espaço a ele destinado, nunca estará em território próprio

em Paris, é particularmente difícil hospedar alguém

talvez, aliás, não seja casual o fato de ser francês o psicanalista que identificou a figura do hóspede com a da angústia[18]

a restrição do espaço tem os seus inconvenientes, mas também algumas vantagens: a de implicar menos gastos ou cuidados com a casa, o que obviamente significa um ganho em liberdade; a de poder se ocupar sozinho de tudo e não depender de terceiros; a de só ter na casa o estritamente necessário

morar em Paris não é fácil para quem chega do interior ou de outras metrópoles e, desconhecendo o que a cidade oferece, procura satisfazer na casa todas as suas necessidades, em vez de se valer do tesouro que está à sua disposição nas bibliotecas, discotecas e videotecas públicas, das quais se pode inclusive retirar livros, discos ou vídeos

o tamanho da casa, em Paris, ensina a limitar a quantidade de objetos e, portanto, deixa o sujeito mais despreocupado e mais livre

o parisiense não pode se entregar ao consumo, precisa refrear os impulsos consumistas para não se ver atolado nas coisas – para ele, *less is more*

e para que ter móveis, quadros, objetos de arte, quando há tantos museus extraordinários na cidade e aquilo que os particulares podem ter nem de longe se equipara aos acervos oficiais?

o que importa em Paris é o passeio, a surpresa que ele propicia, a súbita visão da flecha da Sainte-Chapelle projetada nas águas do rio ao pôr do sol, ou a consciência repentina, através do amarelo das folhas caídas no chão, de que já se está quase no meio do outono e, à sua maneira, ele é solar, último clarão antes do inverno

Paris nem está na casa, que o mais das vezes é uma casa-dormitório ou escritório, e nem se deixa ver bem de carro, ao contrário de uma cidade como Los Angeles, cuja beleza não resulta da arquitetura – apesar da presença de obras de Frank Lloyd Wright e outros grandes –, porém da geografia de praias oceânicas, que só pode ser apreciada de carro ou de um aviãozinho voando bem baixo

em Paris, a beleza tanto resulta da arquitetura quanto da paisagem urbana, que só podem ser devidamente contempladas quando se está a pé

o despojamento e a marcha são os imperativos desta cidade, que muitos consideram feita para os jovens e, na verdade, é para todos os que podem renunciar aos bens materiais, têm boa saúde e disposição para andar

Paris é para qualquer idade e é possível mesmo que, pela animação permanente e uma relativa segurança, seja melhor do que as outras metrópoles para as pessoas mais idosas

a questão não é de idade, porém de estilo, e este requer aprendizado

o parisiense nato não existe, mas há, entre os que nasceram ou moram em Paris, ou entre os que por ela passam, os que podem se tornar parisienses para tanto, é preciso ser moderno, contrariando a tendência consumista da atualidade, o que implica ser diferente e suportar certo isolamento

isso lá importa quando o cenário é sempre deslumbrante e o outono aparece inesperadamente, exibindo copas rarefeitas de árvores que são como véus?

13

OLHANDO A PLACE DES VOSGES

um passeio pelos mesmos lugares, em Paris, não é o mesmo se realizado em sentidos contrários

por causa dos tantos detalhes arquitetônicos e paisagísticos existentes, o ponto de vista é fundamental

se você chegar pela esquerda ao Museu Picasso, primeiro verá um frontão semicircular, encimado pelo penacho de um elmo e apresentando várias figuras esculpidas, entre as quais duas mulheres ao lado de um brasão

o frontão remete de imediato aos antigos proprietários e à preocupação existente, no século XVII, com a imagem da família

se você consultar um guia, ficará sabendo que o prédio foi construído por um conselheiro de Luís XIV para alojar a esposa e os filhos, mas também o amante da mesma, o que não é propriamente usual

pelo sentido do passeio, você foi levado a se interessar pela história da França, à qual a libertinagem acrescenta um detalhe pitoresco

agora, se chegar ao museu pelo outro lado, nada verá até a porta, na qual uma figura estranha, que mais parece oriunda de um sonho, captará sua atenção: uma esfinge coroada, de tranças e seios exuberantes

se você se detiver para observar, perceberá que a coroa é uma pequena fortaleza medieval e as tranças são formadas por pingentes de cortina esculpidos em pedra a escultura evoca uma alegoria do Carnaval e você se pergunta se é da carnavalização da cultura egípcia pela cultura francesa que se trata

a visão da esfinge o remeteu à história da arte e o passeio é diferente do anterior, porque o ponto de partida é outro

isso também é evidente, no mesmo bairro do Marais, quando se vai à Place des Vosges

só quem entra nela pela Rue de Birague estará logo situado no ponto de onde a praça deve ser olhada, porque aí o que é essencial ao projeto logo se evidencia: tanto a simetria do conjunto quanto a uniformidade dos pavilhões cor de tijolo, todos eles sustentados por arcadas de pedra branca e cobertos por um teto negro de ardósia, pontilhado de belas mansardas

depois de contemplar o conjunto, você talvez se detenha nas mansardas para, então, perceber que uma é diferente da outra, como são diferentes os desenhos geométricos aparentemente iguais dos tapetes persas

se quiser andar para conhecer melhor a Place des Vosges, tanto poderá dar a volta, passando por baixo das arcadas e se detendo nos antiquários, quanto entrar no jardim, onde uma estátua de Luís XIII lembra que a praça foi executada por ordem de um rei – Henri IV – e primeiro se chamou Place Royale

também no jardim, tudo vai depender do lugar onde você se sentar

se estiver de frente para os prédios, fatalmente quererá saber como são os apartamentos quem neles mora talvez para escapar à impossibilidade de satisfazer a própria curiosidade, imagine as vidas que as paredes velam, as dos apartamentos de hoje e as dos hotéis particulares da antiga Place Royale, dos homens que não se concebiam sem o duelo e das mulheres nascidas para o brilho do salão

dando as costas para os prédios, estará diante das árvores, das fontes de pedra, que são como taças, e da água que jorra continuamente do bordo para baixo

terá talvez a consciência súbita do tempo infinito e do outro, o da vida; se dirá que, passado menos de um século, não haverá entre os vivos testemunho nenhum deste dia na praça

se você agora se detiver nos velhos que ocupam os bancos do jardim, verá que alguns estão acompanhados e, entre estes, há os que são como namorados, menos lhes importa a própria velhice ou a perspectiva do fim do que o fato de ter o companheiro

a idade avançada então lhe parecerá menos grave do que a solidão

nesse meio-tempo, alguma criança terá passado por você, ou porque esteja brincando simplesmente ou porque se ocupe de alimentar os pombos do jardim

se, graças a ela, você se interessar pela existência dos pombos, terá de se aproximar do rei, cuja estátua equestre lhes serve de pouso

alçando voo, distanciam-se subitamente das crianças e vão parar sobre a cabeça da estátua, na sua orelha, no ombro ou na mão; fazem de Luís XIII um rei acolhedor apaziguado pelo que vê, você não quer outra vida, basta-se com olhar para o que está ao alcance dos olhos e para o céu que, ao entardecer, no verão, lembra um céu de Paris pintado por Van Gogh, azul-chumbo e, no outono, pela intensidade do azul-claro e luminoso, faz pensar nos quadros de Tiepolo

você bendirá depois a passagem de Van Gogh pela cidade, considerando talvez que ele morreu desconhecido porque "para se exprimir com força usava o mais arbitrariamente possível a cor"

terá mais uma vez consciência de que é um privilégio estar em Paris, que tanto faz sonhar com a Holanda quanto com Veneza, onde você poderia de novo se esquecer do tempo da vida olhando Tiepolo

14

VIAJANDO EM PARIS

em Paris, como em Londres ou Nova York, a gente pode ver ou rever qualquer outro país

por exemplo, a China, só olhando no Museu Nacional de Artes Asiáticas, o Musée Guimet, os budas, os dragões, os biombos laqueados, os elefantes de jade ou marfim

e, para ir à Grécia ou ao Egito, não basta contemplar a Vênus de Milo ou a colossal esfinge de granito rosa de Tânis no Museu do Louvre?

viaja-se indo aos museus, mas também ao teatro ou ao cinema

Estados Unidos? dezenas de filmes, é só escolher um

Argentina? haverá sempre um espetáculo de tango

Brasil? há boates com música popular brasileira, afora inúmeras emissoras de rádio que a transmitem

além de se trasladar no espaço, o sujeito, em Paris, muda facilmente de século, senão de milênio

quem atravessar a Rua do Claustro de Notre-Dame e entrar no adro da igreja voltará do século XIX para o XIII, e quem aí descer a escada que leva à Cripta Arqueológica verá as ruínas da antiga Lutécia, a cidade galo-romana

Paris só é Paris quando a gente pode viajar; e o lema da cidade poderia ser o verso de Fernando Pessoa: "Navegar é preciso, viver não"[19]

por sinal, a cidade não é concebível sem o rio, ao longo do qual o parisiense transita incessantemente e a cujas margens vai a passeio

quem senta na margem do Sena tanto pode, olhando no espelho das águas, escapar à sua realidade e reinventar a própria existência quanto, olhando os monumentos de séculos passados, pensar no feito dos que os ergueram e ter a consciência de pertencer a uma espécie que soube repetidamente vencer o tempo

cada monumento parecerá a tal sujeito uma maravilha, não pelo que é em si, mas por confirmar esta consciência

e ele, maravilhado, se dará conta de que a vida requer espaços nos quais a realidade possa ser suspensa e o homem ter a ilusão de que é imortal

se ele se fixar no rio e o dia estiver ensolarado, perceberá que existe uma cor, a da água, que não pertence ao espectro, solar e é só feita de cintilação, uma cor que faz a água se igualar à marcassita

ofuscado pela beleza, aí fica esquecido de toda urgência que não a da contemplação

em cima, os carros passam e a gente se apressa, mas para ele só o êxtase conta, o enlevo que a cidade propicia

na margem do Sena, vive como no Oriente, onde se diz que quem tem pressa já está morto

talvez o sujeito considere que o Ocidente tanto sonha com o Oriente porque a pressa é inteiramente contrária ao prazer

embora imóvel, ele terá ido e voltado

poderá então subir para o cais e retomar o seu cotidiano, por saber que a poucos passos da sua casa ou do trabalho, a qualquer hora do dia ou da noite, o banco à beira do rio existe e que, só com olhar para a água, se pode atravessar o mar e alcançar um outro continente

sem nunca ter ouvido Fernando Pessoa, ele é um pessoano convicto

tanto faz ter nascido chinês, egípcio, grego, americano, argentino, brasileiro ou francês

15

O SENA, UM RIO QUE SEPARA SEM DIVIDIR

o Sena é um lugar de confraternização das nacionalidades

sentados no *bateau-mouche*, japoneses, ingleses, americanos, espanhóis, italianos e argentinos visitam Paris, olhando-a como patrimônio seu, considerando que é sua a história da cidade, repetidamente mencionada pelo guia durante o passeio

é uma ponte que evoca Luís XIV, por este oferecida aos parisienses – Pont Royal; outra que remete à Revolução Francesa, feita com as pedras da Bastilha, Pont de la Concorde; outras que lembram Napoleão: Pont d'Iéna, construída pelo imperador, ou Pont des Invalides, comemorativa das suas vitórias

a história se impõe pelo que o guia vai dizendo e pelo que a gente vê

quem faz o percurso de Pont de l'Alma a Pont Sully não tem como ignorar que a parte mais antiga de Paris está na Île de la Cité, onde fica Notre-Dame

mas o que o *bateau-mouche* ensina, sobretudo, é que Paris é uma cidade dividida pelo Sena e por ele unida

rio estreito, de margens próximas, separa os dois lados da cidade sem os desunir

passar de um lado ao outro do Sena, além de ser uma possibilidade de qualquer pedestre, é um prazer

já atravessar uma das pontes do Hudson em Nova York, por exemplo, além de não ser fácil é desagradável quem o faz, seguindo ao lado dos carros, dá graças aos céus quando acaba a travessia

o parisiense não tem como ignorar o Sena, porque este faz Paris ser o que é

uma prova disso é a referência constante às margens direita e esquerda – Rive Droite, Rive Gauche –, designações topográficas ainda mais importantes do que as equivalentes aos bairros

Paris é filha de um rei, Clóvis, que dela fez a capital de um reino, e de um rio, como diz o *Guide Bleu*[20]

o Sena bem merece ser dito mãe, pois ele é um rio generoso – oferece as suas águas, as suas pontes, as suas vistas e os dois lados que as margens delimitam

ele é um rio único, porque as antigas pontes foram preservadas e a concepção automobilística da vida não impediu que se reservasse um bom espaço para o pedestre, que pode desfrutar da paisagem e, como no século XVI, até mesmo se sentar na ponte, se ele acaso estiver na Pont Neuf, onde há conversadeiras

no espaço todo do rio, vigora um tempo que não é o da pressa, porém o da contemplação, que o mais das vezes é apaziguadora e, certas noites, pode assustar

no outono, quando os monumentos aparecem entre as brumas, as árvores já quase sem folhas parecem se deslocar na escuridão

a gente então entende que Shakespeare tenha concebido uma floresta que anda e Macbeth tenha sido derrotado por acreditar que a floresta de Birnam se deslocava em sua direção tais árvores às vezes lembram fantasmas e tanto atemorizam quanto fazem pensar que é insensato não conceber a possibilidade de conversar com os mortos

seja qual for o pensamento, quando o *bateau-mouche* passa, de repente, lembrando uma centopeia que tivesse patas de luz, a gente se esquece de tudo

nas noites em que uma lua cheia ilumina o rio, Paris parece ser obra divina, o ateu mais convicto entende a crença no milagre

vista da Pont au Change, Notre-Dame, então, faz jus à ideia do paraíso, de que ela surge como imagem

mesmo que os sinos não toquem, a gente ouve as notas amalgamarem-se num concerto, cuja contundente beleza explica a aparição, na literatura, de um personagem que, além de ser guardião da catedral, é um devoto dos sinos, Quasímodo

nessa hora, só a consciência de viver um momento privilegiado da existência conta, e nada poderá estorvar a alegria que resulta só do fato de estar numa ponte do Sena e de olhar

essa experiência faz considerar que a pressa talvez seja uma maneira de ignorar a morte

que essa ignorância faz perder a vida, e é necessário dizer não aos imperativos do *time is money*

16

ANDANDO DE NOITE

à noite, quando só a luz dos lampadários ilumina Paris, a cidade se torna irreal

ao longe, o que a gente vê são blocos de prédios uniformizados pela escuridão e uma linha descontínua de tetos diferentes, um triângulo, um losango, um retângulo desenhados no céu, sob um mesmo azul-chumbo ou um cinza-escuro, conforme a época do ano

esta imagem evoca, pelos motivos geométricos, um tapete persa ou um quadro de Klee

cada teto é um, mas a variedade não quebra a harmonia resultante da norma imposta pelo Patrimônio Histórico

vista assim, Paris parece um cartão-postal

quem sair para andar nas ruas se surpreenderá com a quantidade de detalhes arquitetônicos e motivos decorativos, despercebidos durante o dia, que de repente se impõem

as estátuas, as cariátides, os balcões de ferro, os rostos esculpidos, as máscaras, os relógios e as cruzes se singularizam e se tornam pontos de parada no passeio – tanto porque são diretamente iluminados pelos lampadários quanto porque, andando sem destino, a gente pode se entregar ao que vê

na solidão da noite, um sopro de vida anima as estátuas, possíveis interlocutoras do caminhante solitário

nessa hora em que os lampadários são como pingos de luz na escuridão, os interiores dos apartamentos iluminados são referências de quem está na rua e se tornam tão interessantes quanto misteriosos

a gente que, durante o dia, olha as fachadas e não se dá conta dos interiores, percebe-os e se pergunta como será a existência dos residentes, quais os dramas, as fantasias

paradoxalmente, é a noite que faz a casa surgir

com uma curiosidade que ele não tem condição de satisfazer, o caminhante continua a andar

verá talvez que a luz dos lampadários é amarelo-ouro e ouvirá os próprios passos no silêncio

se for particularmente sensível, ouvirá os passos de outrora e se deixará transportar para o passado

imaginará homens e mulheres vestidos de outras maneiras, charretes ou carruagens dirigidas por um chofer de libré, em vez de carros

na noite que ele se dá consigo mesmo, o que está escrito nos luminosos lhe aparece com clareza e ele atenta para os nomes dos restaurantes e dos bares

En Attendant Pablo faz pensar em Pablo Picasso, na colina de Montmartre e no Bateau-Lavoir;[21] Texas Blues torna Billie Holiday presente e faz ouvir "My man"; Piccadilly transporta para Londres; La Cloche au Fromage sugere que se coma queijo e faz pensar nos tantos Bordeaux e Bourgognes ainda por degustar se já for tarde e estiver frio, a melhor solução será entrar num bistrô e beber um copo de vinho

o Bordeaux mais comum, dito *ordinaire*, parecerá sublime e a noite, criança se o ambiente for agradável e o garçom simpático, capaz de um bom trocadilho

o bar oferece o aconchego da bebida, das presenças e da língua, de que o francês, evocando a sua tradição rabelaisiana,[22] se serve para brincar

depois do vinho, a rua será diferente

o caminhante se sentirá aquecido pela luz amarelo-ouro e tanto bendirá os anjos de bronze e de pedra que protegem a cidade quanto as gárgulas amedrontadoras que, do alto dos contrafortes, afastam o mal

antes de entrar em casa, talvez se diga que uma certa Paris é privilégio exclusivo de quem não tem medo da rua e, aí, se permite estar só

17

UMA RUA QUE FAZ SONHAR

a rua em Paris é cosmopolita

os países do mundo inteiro aí estão representados, por meio das lojas de produtos estrangeiros e de restaurantes que oferecem as diferentes cozinhas da Europa, da África, da América do Norte, da América do Sul e da Ásia

em matéria de gastronomia, Paris é, aliás, uma espécie de museu do mundo, o mais completo que existe

em Nova York, há uma enorme variedade de especialidades estrangeiras, mas há relativamente poucos lugares onde se pode saborear a cozinha francesa, que talvez tenha mais pratos do que as outras todas, excetuando-se a chinesa

por outro lado, Paris, pelas tantas lojas de objetos antigos e galerias, é uma espécie de museu do tempo

objetos e quadros do passado próximo e longínquo estão expostos e à venda

Paris não é Paris quando não inspira a deambulação pelo mundo e pelos séculos

a rua faz o sonho vigorar incessantemente

assim, por exemplo, na vitrine da papelaria, o pintor encontrará os tubos de tinta que procura, já dispostos como numa paleta

são tintas que o remetem ao ato de pintar

na mesma vitrine, talvez veja as tintas entre máscaras venezianas

ao comprar aquelas, é do Carnaval de Veneza que ele, imaginariamente, usufrui

nas floriculturas sofisticadas, as flores na vitrine podem estar entre candelabros, velas e lustres de cristal bacará

quem olha para os buquês se vê no interior de um luxuoso salão

entrando, talvez encontre as flores dispostas numa guirlanda, menos evocativas do campo do que das cornijas dos castelos franceses

o sujeito, com as flores, poderá se transportar para Versalhes

nas casas especializadas em vinho, cada garrafa, pela sua etiqueta, é uma viagem

com Saumur-Champigny se vai ao Loire, com Riesling, à Alsácia, com Pomerol, à região de Bordeaux...

olhando a variedade, a gente pensa nas *Mil e uma noites* e se pergunta se acaso há mil e uma maneiras de se inebriar

assim como a casa de vinhos, a perfumaria não vende só o que dela, em princípio, se espera

vende Opium, Eden, Poison em vidros com as formas mais originais o que importa na papelaria, na florista, na casa de vinho ou na perfumaria não é a tinta, a flor, o vinho ou o perfume, e, sim, o quadro por fazer, o cenário por visitar e a sensação nova que se terá

o parisiense não concebe a venda de um objeto sem propiciar, através de um artifício qualquer, uma fantasia que nada tem a ver com tal objeto

procede naturalmente como o publicitário e ao contrário do vendedor oriental, porque não incita à compra e tende mesmo a dissimular o seu desejo de vender

tal dissimulação está relacionada à desvalorização do negócio e do dinheiro numa sociedade aristocrática, porém não se trata somente disso

ela é um artifício da venda, como da sedução, em torno da qual a cultura parisiense gira – a melhor prova disso é, aliás, a importância da moda

18

A *CHARCUTERIE*

a rua, em Paris, é o prazer das lojas de objetos e ainda das lojas de comida

a vitrine da *charcuterie* é um dos pontos mais altos da cidade

impossível passar por ela sem olhar os ovos cozidos decorados com fitas de presunto, os medalhões de salmão fresco enfeitados com flores de maionese, o abacate recheado com siri desfiado, o *foie gras* fresco envolto em gelatina

quem passa todos os dias pela mesma *charcuterie* perceberá que a decoração da vitrine e dos pratos é sempre diferente

num dia as flores de maionese evocarão lírios, noutro, rosas em estado de botão

o morador de Paris não prescinde da *charcuterie*, que lhe oferece os mais variados pratos quentes, assados de carne e peixe, gratinados de todas as verduras, além das inumeráveis entradas

uma *charcuterie* que se preze, aliás, fabrica os vários patês – *paté de campagne, paté de foie, paté de porc* – e os diferentes tipos de salsichas – *francfort, saucisse aux herbes*, o *boudin noir*, feito com sangue, cebola e toucinho defumado, ou o *boudin blanc*, feito com carne de vitela, para ser servido com purê de maçã ou de castanha

além de fabricar patês e salsichas, o bom *charcutier* prepara duas vezes por dia as suas entradas frias: salada russa, aspargos ou alho-poró ao vinagrete, tomate fatiado, fundos de alcachofra, palmito cortado em rodelas, beterraba em quadradinhos, bem como o *paté impérial* (enrolados fritos de verduras cozidas) e o *tabulé* (salada de semolina), ambos versões francesas dos pratos chinês e marroquino

algumas *charcuteries* também vendem especialidades de outros países, fato que tanto denota o gosto pelo exótico quanto o cosmopolitismo

assim como a casa de vinhos ou a perfumaria, a *charcuterie* faz viajar, mas o que nela mais chama a atenção é a diversidade de pratos e a variação neles diariamente introduzida

são indicativas de que o comer, como o beber, se associam, na cultura francesa, ao ato de degustar, um ato a tal ponto importante que o escritor Cyrano de Bergerac imaginou um povo que se nutria só de sabores[23]

a bulimia, doença que atormenta os americanos e assusta quem vai pela primeira vez aos Estados Unidos, praticamente inexiste na França, porque, aí, comer não é sinônimo de se alimentar

implica a fantasia que a própria comida propicia, bem como o ritual da refeição, que, por sua vez, é inseparável da conversa

uma mesa francesa em que as pessoas comam sem falar não se concebe

comer, para os franceses, é simultaneamente degustar, comportar-se à mesa segundo determinadas regras e trocar ideias;

é um ato que a cultura, até certo ponto, dissociou da necessidade biológica, tornou espiritual e, se a gastronomia francesa merece ser dita uma arte, é porque ela valoriza a invenção, ao contrário das cozinhas que exigem a repetição dos gestos efetuados pelo cozinheiro e dos pratos que este serve

o bom cozinheiro, na França, é capaz de inovar a tradição, ele desconhece a monotonia

a cozinha francesa é como o samba, infinita e popular

por isso, mesmo os "pobres" se queixam da comida quando estão em férias num outro país

tanto prezam a gastronomia quanto os ricos

um dos melhores pratos franceses, o *boeuf bourguignon* é, aliás, uma invenção de gente pobre, de zelador

quem, senão esse funcionário, poderia conceber o tão suculento *boeuf bourguignon* que, por ser feito com carne barata, implica um cozimento de pelo menos quatro horas?

o zelador nunca teve dinheiro, mas também nunca financiou o próprio gás e sempre dispôs de tempo livre...

tinha condições de dar a sua contribuição gastronômica à civilização e, assim, deixou como legado uma carne que se desfaz na boca e tem o perfume do vinho em que foi preparada

19

A PADARIA

uma das imagens mais frequentes em Paris é a de alguém com uma baguete na mão

ela pode ser comprada em todos os bairros da cidade e, por haver mais de uma padaria na mesma rua, a gente inclusive tem escolha entre a baguete mais ou menos longa, mais ou menos grossa etc.

mesmo que haja fila na padaria, o vendedor frequentemente ainda pergunta se o freguês quer uma que esteja mais ou menos torrada

o estrangeiro, que já acha extraordinário ter a baguete ao seu alcance, fica perplexo e, às vezes, não sabe nem o que responder

poderá ser levado a considerar que, na França, o indivíduo deve exercitar continuamente o espírito crítico, sendo obrigado a analisar

baguete mais ou menos longa, mais ou menos grossa, mais ou menos torrada?

ademais, ela é apenas um dos muitos pães que podem ser comprados em Paris

com a mesma farinha branca são feitos o *parisien* (parisiense), que tem a forma de um filão de pão, o *bâtard* (bastardo), com muito miolo e pouca casca, a *ficelle* (barbante), um pão que é particularmente fino, o *petit pain* (pãozinho)

e, tirando os pães de farinha branca, há muitos outros, o *pain de campagne*, o dito integral, o de cereais, o pão tipo feito em casa

a padaria, na França, é o reino da abundância

jardim, quando também é confeitaria e expõe na vitrine, lado a lado, tortas que parecem flores e bolos que lembram canteiros de ciprestes

quem se aproxima e se debruça sobre a vitrine não sabe se quer olhar ou comer

focalizando as tortas de fruta, poderá se perguntar se as lamelas de maçã, pera ou abricó acaso são pétalas artificialmente coloridas – verde-limão, bege e cor de laranja

tão perfeito é o entrelaçamento das lamelas que ele parece natural

faz pensar na perfeição de que a mão do homem é capaz e no gosto do francês pela natureza artificialmente produzida

o melhor testemunho desse gosto é o jardim à francesa, a que a vitrine da padaria de imediato remete

os bolos, impecavelmente redondos ou quadrados ou retangulares, além de canteiros, lembram objetos *art déco*, mas, pelos nomes e etiquetas evocativos das delícias de que são feitos, incitam a comer

qual deles, no entanto, comprar?

o que se chama *grand marnier*, preparado com chocolate e perfumado com o licor que lhe dá o nome? o de nome *rêve* (sonho), feito com biscoito de chocolate, ou o *brésilien*, à base de café com nozes?

a vitrine tanto é um convite à contemplação quanto à degustação e, por isso, ela não difere da vitrine da casa de vinhos, da *charcuterie* ou da *crèmerie* com sua centena de queijos

todas as lojas de produtos gastronômicos despertam a gula e em todas é preciso saber escolher isso ou aquilo; passar, por meio da discriminação, da posição do *gourmand* (guloso), que come por impulso, para a do *gourmet*, que sabe do seu desejo e só aceita comer o que lhe apetece

curiosamente, levando o sujeito a frear o impulso, as lojas também têm uma função educativa

trata-se da educação pelo desejo

e, também por isso, Paris não acaba nunca

20

A *CRÈMERIE*

em nenhum lugar a sensação de que Paris é infinita é tão grande quanto na *crèmerie*

há mais de uma centena de queijos das diferentes províncias em qualquer loja que se preze

trata-se, no entanto, de uma variedade de que só o iniciado pode usufruir

olhando para os queijos expostos, o sujeito que desconhece os sabores fica perdido

em geral, a pessoa decide por este ou aquele tipo só para sair do labirinto em que se encontra

assim, continua a ser um estrangeiro no país do queijo, cujo pressuposto é o conhecimento de cada sabor

de certa forma, é preciso ter crescido ou vivido longamente neste país para poder aproveitar o que ele oferece, pois o conhecimento requerido depende da degustação

no caso, é o paladar que conhece, e nenhuma informação proveniente dos livros especializados pode substituí-lo

de nada vale saber que o queijo pode ser feito de leite de vaca, ovelha ou cabra e que há tais e tais variedades em cada categoria se o sujeito não provou cada uma a ponto de memorizar seu gosto

na *crèmerie*, Paris tanto parece infinita quanto inacessível e, num certo sentido, a *crèmerie* pode ser dita elitista, só para alguns felizardos, *to the happy few* porém, num outro sentido, ela é popular, porque a gama de queijos exibida resulta de uma produção que data do neolítico e se inova incessantemente

todas as regiões têm os seus espécimes tradicionais e, em todas, há cidades produzindo tipos novos

a *crèmerie* evidencia o gosto do francês pela variação, de que tanto resulta a variedade quanto a reinvenção permanente da tradição

o país do queijo desde sempre obedece ao imperativo de maio de 68, que preconizava a imaginação no poder

o país gastronômico francês inteiro, aliás, porque, como o país do Carnaval, ele existe sobretudo para fazer sonhar

o que importa à mesa, na França, não é saciar, mas fazer proliferar a surpresa

por isso, a quantidade servida em cada prato é pequena e a refeição mais comum tem pelo menos quatro etapas: a entrada, a carne ou o peixe, o queijo e a sobremesa

nos restaurantes de luxo, entre uma etapa e outra, o cliente pode ser tratado com uma *patience*, pequeno prato intermediário oferecido pela casa, com a dupla finalidade de aplacar a fome e fazer desejar mais ainda o prato esperado

tão impossível imaginar a França sem o ritual gastronômico quanto o Brasil sem o Carnaval

ela se cria e se recria por meio da arte culinária, como ele através das festas momescas ela é tão pródiga em vinhos e queijos quanto ele em fantasias e máscaras

graças à mesa, espaço do encontro e do esquecimento, o Carnaval na França é cotidiano

a arte gastronômica francesa alegra e faz rir – por causa dela se pode dizer que o país inteiro é rabelaisiano

21

O MERCADO

quase todos os parisienses, ricos, remediados e pobres, velhos e jovens, homens, mulheres e crianças, se ocupam da mesa

uns saem para comprar a matéria-prima, outros saem diariamente para escolher um prato já pronto

no mercado, as pessoas todas se cruzam

tanto vão ali o *clochard* com a sua garrafa e o seu eterno cachorro quanto o mais alto executivo; tanto a dona de casa, que não conta com nenhuma ajuda, carrega uma cesta abarrotada em cada mão e se curva sob o efeito do peso, quanto a outra, que, apesar dos ecologistas, não dispensa o *vison*, mas usa-o segurando uma cestinha de palha

esta é a mulher que costuma encomendar tudo por telefone ou manda a empregada trazer, mas sai, por exemplo, para ver na peixaria como está o peixe, se compra a peça inteira ou o peixe em postas

no mercado parisiense, *vison* e palha não se excluem

aliás, nem poderiam, num país onde até entre os reis existiram grandes cozinheiros, como Luís XV, famoso por suas omeletes – "ovos encamisados à maneira fanática" –, pelos patês de cotovia e pelo frango com basilicão

o fato é que nenhuma dona de casa que se preze ignora a cozinha e, até certo ponto, o seu prestígio entre familiares e amigos depende da comida que oferece

pode, sem medo, delegar a limpeza e outros serviços domésticos, já a mesa, não graças a um bom prato, será certamente perdoada por alguma falha eventual ou surpreendentemente recompensada, e ela se vale – por que não? – do bom prato para alcançar o perdão

não é exagero dizer que do comer e beber bem depende quase tudo no imaginário dos franceses

as donas de bordel, no século XIX, sabiam disso e controlavam as prostitutas com fastuosas refeições – Toulouse-Lautrec se inspirou nesse fato para fazer um belo quadro, *Ces dames au réfectoire*[24]

comer e beber, como se deve, é considerado tão importante que, na falta de algum dos elementos tradicionalmente requeridos, os franceses imaginam adoecer

um célebre polemista do início do século[25] chegou mesmo a escrever que teve tifo porque consumiu ostras sem tomar vinho branco

a gastronomia, na França, inclusive interessa às crianças, que, por identificação, também querem cozinhar e, cozinhando, descobrem mais uma possibilidade de exercer a sua criatividade, pois, apesar das tantas regras da culinária francesa, esta autoriza e requer a improvisação

desde muito cedo, as crianças se tornam boas auxiliares quando não disputam na casa o primeiro lugar

não é de estranhar que haja na França inteira grandes chefes para os quais a cozinha importa mais do que a morte

Carême, o maior cozinheiro francês do século XIX, aliás um parisiense, estava à morte quando comentou com um dos seus alunos que, apesar da falta de tempero, os bolinhos de linguado (*quenelles de sole*) do dia anterior tinham sido muito bem-feitos

há grandes chefes aos quais se devem experiências gastronômicas tão surpreendentes quanto os contos de fadas: geleia de caviar com creme de couve-flor;[26] lagosta assada no óleo de oliva[27] ou cordeiro com azeitonas pretas e dois perfumes[28] ou pé de porco caramelizado com molho de trufas[29] ou...

22

A GASTRONOMIA

muitos artistas se interessaram pela gastronomia na França

os cadernos de cozinha de Monet foram todos editados e há quem diga que algumas das receitas do pintor estão no limite do profissionalismo

na casa de Giverny, onde Monet recebia Renoir, Sisley, Pissaro, Cézanne, Rodin e Mallarmé, entre outros, o espaço azul-claro da cozinha era tão sagrado quanto o do ateliê

Toulouse-Lautrec fez vários quadros cujo tema é a refeição, e existe mesmo um livro sobre ele que tanto mostra a importância da mesa na sua vida em família quanto na de artista[30]

Salvador Dalí, que viveu muito tempo em Paris, foi um apologista da arte culinária e, segundo ele, a gente pode não comer, mas comer mal não pode

num dos seus textos, Dalí[31] afirma que o maxilar é o melhor dos nossos instrumentos de conhecimento filosófico, que todas as suas iluminações nasceram das vísceras e se propagaram por meio delas e ainda que uma pomba, longamente marinada, flambada numa bebida forte e depois servida nos seus próprios excrementos – como era de praxe nos grandes restaurantes de Paris –, é o melhor símbolo de uma autêntica civilização

além de ser um tema dos pintores, a gastronomia interessou aos escritores franceses

o Gargântua de Rabelais é um gigante nascido de uma comilança de 367 bois embora sofresse de dispepsia, Montaigne elogia, nos *Ensaios*, as sopas e as saladas alemãs e exalta o sabor das uvas italianas

Rousseau afirma nas suas *Confissões*[32] que a reticência, no que diz respeito à mesa, é indício de fingimento e desassossego

Voltaire, que não gostava da nova cozinha da sua época, evoca em sua obra algumas receitas da cozinha tradicional: picadinho de peru, de lebre, de coelho, feitos com muita pimenta e noz-moscada

Alexandre Dumas, autor de *Os três mosqueteiros*, escreveu um dicionário de cozinha[33] e Alexandre Dumas Filho, autor de *A dama das camélias*,[34] gostava de trocar a pluma pelo cabo da panela; fez a culinária entrar na Comédie Française – o templo do classicismo francês – com uma peça em que a empregada explica detalhadamente como se faz uma salada de batatas

o banquete descrito por Flaubert em *Madame Bovary*[35] é memorável, ainda que o célebre gastrônomo Curnonsky tenha desqualificado o texto, porque a caça é servida como entrada[36]

e quem, tendo lido Proust, não se lembra de Françoise, cujos *menus* o escritor descreve e cujos aspargos dão água na boca de quem lê? são eternamente modernos

mas a gastronomia não interessou somente aos ensaístas e romancistas

Mallarmé, o poeta, enviava receitas a Monet, o pintor, e Baudelaire dizia que a Bélgica era um pobre país, porque desconhecia a carne assada de panela o culto da cozinha é uma tradição que não cessa de se renovar, século após século, e a autora pôde testemunhar a excelência do *petit salé* do filósofo Michel Foucault, que a convidou para um jantar em sua casa, onde havia vários outros brasileiros

convidar para comer é a forma que os franceses têm de cuidar do próximo, como, aliás, indica o verbo *traiter*, que tanto significa regalar o visitante com comida quanto cuidar da saúde de alguém

por isso, apesar das dificuldades da vida parisiense – o ritmo de trabalho, o tamanho mínimo da casa e o alto preço da hora da empregada doméstica –, é hábito convidar os amigos para jantar

os anfitriões então se empenham em oferecer o mais caprichado dos *menus*, e os convidados em geral se apresentam levando uma garrafa de vinho para degustação; ocupando-se dos comes e bebes, todos dão provas concretas de amizade

nessas ocasiões, em que a conversa é fundamental, o convívio tende a ser perfeito, só o presente conta, as horas que o vinho perfuma

o tempo que passa parece ser uma ideia inteiramente abstrata; a gente bendiz os amigos e o ritual do jantar

23

PARIS INCITA A OLHAR

o ritual gastronômico francês, ao contrário do chinês, implica o serviço, que só existe no restaurante, onde as pessoas entram certas do prazer e o direito a ele é respeitado

por menor que seja o restaurante, o garçom pede ao cliente que especifique como gosta da carne e, em geral, antes de abrir a garrafa de vinho, mostra o rótulo

há restaurantes que são templos da degustação, e, neles, a decoração e a vista são tão importantes quanto a comida

supostamente, ninguém vai ao Tour d'Argent só para comer o *canard Tour d'Argent*, especialidade da casa

quer olhar as mesas, os vasos de flores, as tapeçarias e o teto intermitentemente iluminado pelo *bateau-mouche*, cujas luzes a prataria antiga da casa reflete

também quer ver a perspectiva sobre o Sena, Notre-Dame vista de trás, a sua flecha e os campanários, a colunata do Louvre e os tetos de Paris...

o famoso Maxim's é menos sinônimo do filé de linguado com trufas ou do pato com maçãs da Normandia do que um rico cenário de pinturas murais e tetos de espelho que refletem o rosto de quem olha e a luz dos abajures cor-de-rosa dispostos sobre a mesa

um teatro, onde o espectador também é um ator, que tanto pode se olhar quanto olhar e ser visto *deleita-te vendo*, é, aliás, o imperativo do Maxim's e de outros vários restaurantes parisienses, pois o recurso ao espelho é usual

o tempo todo Paris incita a olhar e, porque facilita o olhar com a iluminação, ela bem pode ser chamada Cidade Luz

com uma escultura numa ponte, um alto-relevo numa fachada, uma porta maravilhosamente esculpida, a cidade faz quem a atravessa focalizar pontos do caminho, que são assim iluminados

tudo se passa como se um iluminador invisível seguisse o transeunte, deslocando o foco

pode-se dizer que, em Paris, é o olhar que organiza a existência, e o sujeito tanto vê quanto se vê, por haver espelhos em toda parte: nas fachadas dos prédios, nos restaurantes, nos cafés, na entrada dos hotéis, nas lojas e nas casas,

obviamente, não há como não se enxergar

já por isso, a aparência não pode ser negligenciada, e os ditados da moda são considerados a ponto de ela poder se renovar inteiramente a cada estação

em Paris, quem não está na moda está fora dela, o que não é verdade em Roma, Londres, São Paulo, Tóquio ou Nova York

mas nem o parisiense, que faz pouco da moda, deixa de se enfeitar – é uma gravata-borboleta, um lenço colorido, um broche *art déco* ou um cinto que tenha uma fivela especial o olhar do outro é decisivo para o parisiense, que até pode não se importar com a moda, porém, em hipótese nenhuma descuida do corte do cabelo

por isso, nem sempre o cabeleireiro do bairro, malgrado a qualidade garantida de todos os cabeleireiros, lhe convém

atravessa a cidade para cortar o cabelo, porque a aparência, para ele, é fundamental e a cabeça é a parte do corpo que ele privilegia

para verificar isso, basta andar na rua ou ler os cartazes do metrô

entre eles, há sempre um cartaz, em posição estratégica, anunciando um corte de cabelo que será sinônimo de sucesso

o parisiense, quando olha no espelho, vê o cabelo, a pele do rosto ou a maquilagem – e também a roupa

tende, no entanto, a não ver o corpo, que, para servi-lo, deve servir à moda, sobretudo ser um bom cabide

o corpo ideal é o que valoriza as peças da vestimenta, e não, como nos países tropicais, por exemplo, o que seduz pelas formas do nu e pela cor da pele

assim, apesar dos diferentes cremes vendidos na farmácia, o parisiense em geral ignora a sua pele e as suas formas

o que teria isso a ver com o consumo menor de sabonete em Paris do que nas outras metrópoles europeias?

o fato é que o parisiense não se deixa impressionar pelo imperativo da limpeza

isso é patente no espaço da cidade, onde há lixo em toda parte e os cães defecam tão livremente que é necessário estar atento o tempo inteiro; olhar as maravilhas sem nunca deixar de examinar o chão

do contrário, a gente pisa no cocô, que, só por não incomodar realmente, pode ficar na rua dias a fio e aí passar do vermelho ao negro – diferentemente do que ocorre nas cidades americanas, onde o dono do cachorro até multado é e, para evitar isso, limpa imediatamente

a coprofilia da cultura francesa se torna evidente na literatura

tendo evacuado, um dos personagens de Rabelais se limpava com os dedos e os lavava na sopa, transformando assim as fezes em comida – como, aliás, a gastronomia francesa contemporânea, que oferece o pombo servido nos seus próprios excrementos

existe ainda, no *Pantagruel*, um capítulo intitulado "As trinta e duas maneiras de limpar o cu", em que Gargântua, além de ervas e folhas, de diferentes aves – galinha, galo, frango, pomba etc. – e de peças do vestuário – luva, cachecol, lenço, chapéu –, usa, para se limpar, toalhas, cobertores, cortinas e almofadas, fazendo as mais inesperadas considerações sobre o prazer anal propiciado pelo elemento usado ou sua capacidade na absorção das fezes

depois de Rabelais, existe a literatura erótica dos séculos XVII e XVIII, que, repetidamente, focaliza o ato de defecar

24

UM *SQUARE*

em Paris, como em qualquer outra metrópole, é preciso estar atento na rua

mas, em compensação, existe sempre um *square*, jardim ou parque ao alcance do pedestre

o *square* mais banal pode propiciar a contemplação, a evocação ou a reflexão

os mais comoventes são os que valorizam as ruínas da cidade, como o da Rue Payenne, no coração do Marais, o *Square* Georges Cain, depósito lapidar do museu que abriga as coleções históricas de Paris

organiza-se em torno de uma figura geométrica circular – formada por dois círculos de grama, separados por um de areia –, em cujo centro esteve, até recentemente, uma belíssima *Aurora* de bronze do século XVII, que foi substituída por uma escultura de Maillol, *Île de France*

quem, numa tarde de primavera, se acomodar num dos muitos bancos existentes, ouvirá os pássaros e se dará conta, pelos diferentes pios e trinados, de que, além dos pombos e das andorinhas, há várias outras espécies em Paris

quererá talvez saber delas ou ouvir a música do espaço em que se encontra, dispensando o *walkman* de que se vale o vizinho

escutando os pássaros, observará que há, no mesmo *square*, quem leia, quem tire uma soneca, quem converse com um amigo e quem, sendo turista, consulte um mapa ou simplesmente descanse do passeio além dos pios e trinados, ouvirá palavras de várias línguas e se deixará embalar por elas, dizendo-se eventualmente que o tempo foi feito para se perder

porá então reparo nas ruínas do *square*, que, estando prometidas à só condição de ruínas, dão a sensação de eternidade

a presença de um entablamento com um relógio, cujo ponteiro está parado, não lhe parecerá casual, e só a cor verde-limão das folhas novas de uma trepadeira, que se enrola numa coluna solitária, o fará pensar no tempo que passa e ver que está desgastada a pedra do entablamento e da coluna

terá então consciência de que é primavera e talvez observe que, além das árvores com folhas verde-limão, há outras ainda secas como no inverno

lembrando-se de alguma primavera em que tenha visto uma tempestade de pedras de gelo (*giboulées de mars*), poderá considerar que a primavera tem nostalgia do inverno, como, aliás, o outono do verão

o fim da estação outonal não é feito de folhas amarelas, cor de sol?

a divisão do ano em primavera, verão, outono e inverno lhe parecerá abstrata e ele se dirá que há tantas estações quantos dias no ano: 365

a ideia de Simone de Beauvoir, de que nenhuma tristeza resiste à beleza do mundo, agora lhe parecerá justa, e a visão da escultura de Mailiol se impõe: uma jovem que segura, atrás das costas, um lenço nas mãos, um nu de formas robustas dando a volta em torno da escultura, ele ficará impressionado pela sensualidade e apaziguado pela graça

delongando-se um pouco mais, perceberá que a cor do bronze varia conforme a incidência da luz e entenderá por que muitos pintores não viveram no ritmo do relógio, e sim no do sol

se o dia não for luminoso e uma nuvem cinza cobrir o *square*, olhando o nu de Maillol, ele irá para outro lugar em que tenha havido algo de solar, uma cena da infância, uma praia, uma festa em que viveu esquecido do que não era o *reggae*, o *rock*, o *jazz*...

se tiver lido *Dias tranquilos em Clichy*, se lembrará do texto de Henry Miller sobre o cinza tão singular de Paris: "capaz de tornar presente um mundo de ideias e sensações... cuja gama parece sem fim"

25

PARIS É UMA CIDADE PUDICA

nos dias de céu cinza, os jardins são feitos menos para a gente sentar do que para o passeio e a contemplação

quem vai passear no Jardin des Tuileries pode se regozijar com a "indizível beleza das esculturas de Maillol",[37] que sonhou a vida inteira com um jardim cujas perspectivas valorizassem as suas esculturas

na parte oriental, chamada Jardins du Carroussel, estão os nus, tão eróticos quanto castos pela pose ou pela posição da mão, que delicadamente afasta quem se aproxima

são exemplos de uma sensualidade que, de certa forma, é angelical

neste espaço, onde o sonho da vida de Maillol se tornou realidade depois da sua morte, a integração entre as obras e a paisagem é tão perfeita que esta parece ter sonhado com aquelas

redesenhado por Le Nôtre no século XVII, o Jardin des Tuileries requer de quem nele entra disposição para olhar e ver

olhar as perspectivas e as esculturas, fazer o passeio que o traçado do jardim indica, cumprir de certa forma um ritual

como, aliás, nos jardins de Versalhes, também concebidos por Le Nôtre para Luís XIV, que chegou a escrever um texto sobre a maneira de mostrar o seu glorioso jardim, texto em que o Rei Sol especificava minuciosamente o percurso a ser seguido e a duração de cada etapa o jardim à francesa, cujo traçado obedece a formas geométricas e cujo espaço consequentemente se organiza segundo retas e curvas, é contrário à improvisação e é feito para o olhar

durante o classicismo, era inclusive considerado extensão da arquitetura e devia ser admirado do andar nobre, das salas de recepção oficiais

hoje, basta ir ao Jardin des Tuileries para constatar que o jardim também existe para fazer olhar a arquitetura e evocar o passado histórico

quem se coloca na aleia central percebe, girando o corpo, que o espaço se organiza para propiciar a visão de dois arcos, o do Triunfo – no alto do Champs-Elysées –, que, além de comemorar as batalhas de Napoleão, evoca o soldado desconhecido, e o do Carrousel – diante do Louvre –, um arco também construído para celebrar as vitórias napoleônicas

tudo é função do olhar e é possível que assim seja pela presença da Corte na cidade, como, aliás, no Rio de Janeiro, onde a gente anda tomada pelo que vê e não há esculturas como as de Maillol; porém há, durante o ano inteiro, em todas as praias, corpos que se querem contemplados, de sunga ou fio dental

o jardim parisiense é, por sinal, como uma praia no meio da cidade, extensão de areia, de grama e de árvores, entre as quais predominam os castanheiros, que, na primavera, pelas flores como pinhas, lembram árvores de natal

de maio a setembro, todos os jardins são usados para o banho de sol, que os moradores da cidade, no entanto, tomam vestidos, nunca de maiô não porque este seja proibido, e, sim, por quase só ser usado, na forma de um *body*, no âmbito fechado de uma alcova ou de um bordel

no espaço da cidade, com exceção das margens do Sena, mesmo nos dias mais quentes do verão, inexiste o hábito de expor o corpo, que só é exibido e olhado no exíguo período de tempo destinado aos prazeres do sexo

só se descobre para logo se cobrir

seria apenas porque faz frio oito meses por ano ou porque Paris tanto reverencia Eros, que se queria sempre velado e exigia de Psique a aceitação incondicional do velamento? porque ama o amor, que, segundo Stendhal, nasce do pudor?[38]

o fato é que, apesar da proliferação da *lingerie* e da multiplicidade dos bordéis, a cidade de Paris, sem ser puritana, é extremamente pudica

26

O CEMITÉRIO DO PÈRE-LACHAISE

o amor é tão valorizado em Paris que, em 1817, a prefeitura da cidade se valeu de uma história de amor do século XII para tornar atraente o novo Cemitério do Père-Lachaise, onde estão os túmulos de Piaf, Chopin, Balzac, Proust, entre outros

fez então construir um mausoléu para Abelardo e Heloísa, dois amantes que a história consagrou

o mausoléu é, até hoje, um dos lugares de peregrinação do Père-Lachaise

à direita, o jacente de Abelardo, que, sendo cônego de Notre-Dame, seduziu Heloísa, uma sua discípula, e foi emasculado; à esquerda, o jacente de Heloísa, que se deixou seduzir pelo preceptor, com ele se casou e, depois da emasculação, entrou para o convento

sob os dois, uma inscrição em que, além da história pessoal de cada um, se lê: "o amor, que uniu os seus espíritos durante a vida e se conservou durante a separação pelas cartas mais ternas e mais espirituais, uniu os seus corpos neste túmulo"

quem sabe da castração de Abelardo e da separação de corpos imposta aos amantes pode estranhar o texto

por um lado, este não faz menção alguma ao motivo da separação, à impossibilidade de se unir fisicamente, ao tormento de Heloísa e Abelardo; por outro, afirma que o mausoléu uniu os corpos quando ele só fez juntar restos mortais

a que se deve o descompasso entre a realidade e o texto?

à primeira vista, parece resultar de manobra publicitária

ainda que seja isso, a manobra está fundada no voto, datado dos gregos, de que o amor possa manter unidos os amantes mesmo depois da morte

além de fazer pensar no mito da inseparabilidade dos amantes, o mausoléu de Heloísa e Abelardo desmente o atual mito da impossibilidade do amor sem sexo – embora castrado, Abelardo foi amado durante a vida inteira por Heloísa, que ele não cessou de amar

no Père-Lachaise, a eternidade não anula o tempo e o passado ilumina o presente

ademais, o cemitério conta a história da Europa, em que a guerra e as lições que dela se podem tirar são determinantes

ali está a parede onde, em 1871, os últimos revolucionários da Comuna de Paris foram fuzilados depois de um dia de perseguição entre as sepulturas

ali estão a tumba dos mártires da Resistência Francesa, o monumento para os deportados do campo de Auschwitz e o outro para os deportados do campo de Buchenwald, em que um texto de Aragon[39] lembra "como o homem teve que cair e, só pela coragem e pela devoção, conservou o seu nome de homem"

vasta necrópole, o Père-Lachaise também é um jardim de três mil árvores, em que se pode estar bem à sombra de uma delas ou caminhando ao longo de uma aleia arborizada, que, na proximidade das tumbas, em qualquer estação do ano, faz pensar no tempo que passa para todos e, sem deixar de ser um mal, é o nosso maior tesouro o tempo é o tema que se impõe no cemitério e, mais ainda, no Père-Lachaise, onde, sob uma simples lápide negra lisa, está enterrado o autor de *Em busca do tempo perdido*

diante de tal sepultura, não há como não ver que a dimensão de todos os homens é a mesma depois da morte

quem ama o escritor, se pergunta se a palavra *Proust* designa um simples mortal ou uma busca em que, desde sempre, a humanidade inteira se reconhece, a de um tempo da existência para sempre perdido, busca que magicamente nos tira da realidade e oferece a cor da fantasia

a palavra *Combray*, nome da cidade que Proust exalta, surge como sinônimo de paraíso perdido, e o termo *peregrinação* se associa à obra do escritor, que, depois da morte da mãe, se fechou no quarto para escrever e, com a escrita, durante 17 anos, só fez viajar em direção a Combray

foi uma peregrinação que contrariou fervorosamente o sentido mortífero do tempo

27

AS CATACUMBAS

o nosso exílio e a nossa miséria invariavelmente terminam na caveira, diz Chateaubriand[40]

quem entra nas catacumbas de Paris, a maior necrópole subterrânea existente, não tem como negar esta verdade, que nós tendemos a afastar

são milhões de caveiras justapostas, cobrindo e formando paredes

datadas do fim do século XVIII, as catacumbas são depositárias dos ossos de um cemitério parisiense existente desde o século V e que, desde 1130, depois da inumação de uma criança martirizada, passou a se chamar Cemitério dos Inocentes

durante mais de um milênio, o serviço fúnebre ali funcionava diuturnamente, e, dadas as guerras, as fomes e as pestes, a quantidade de mortos era sempre tamanha que a terra não bastava para a decomposição dos cadáveres

o nível do solo superava o das ruas ao redor, e a deterioração contínua favorecia a propagação das doenças e epidemias

na proximidade do cemitério, em poucos dias, a comida apodrecia e, em menos de uma semana, o vinho virava vinagre

mas, apesar das queixas repetidas, ele só foi fechado no fim do século XVIII, depois de alguns fatos estranhos

no começo de 1780, as exalações provenientes da putrefação dos cadáveres eram tão potentes que atravessavam as paredes das adegas vizinhas e apagavam as velas de quem nelas entrava no mês de maio do mesmo ano, as paredes cederam sob a pressão de milhares de cadáveres empilhados numa fossa comum

este acontecimento levou o inspetor da Saúde Pública a ordenar o fechamento definitivo do grande Cemitério dos Inocentes e, em 1785, começaram as transferências para as futuras catacumbas

durante 15 meses, os esqueletos de seis milhões de indivíduos foram levados para as pedreiras, espaço de onde aliás se extraía o calcário desde o período galo-romano

os ossos eram retirados do solo do cemitério e, depois de limpos, amontoados em carros fechados, em cima dos quais havia um catafalco negro

ao cair da noite, o cortejo macabro saía dos Inocentes; na frente dos carros, ia um coro de religiosos carregando a lanterna dos mortos[41] e cantando salmos até o destino da carga, que era jogada num antigo poço de extração de pedras

só posteriormente, por ordem do inspetor geral das Pedreiras, os ossos foram dispostos de sorte a formar muralhas e se organizou um circuito de visita às catacumbas

tendo descido uma longa escadaria, 92 degraus, o visitante entra numa sala onde há uma série de gravuras sobre a história do lugar; daí ele segue, por sucessivas galerias, até uma porta onde lê: "Pare. O império da morte é aqui"

atravessada a porta, penetra nas catacumbas propriamente ditas e vê paredes de crânios e cabeças de fêmures, estreitamente imbricados antes de sair, passa por uma sala chamada Rotunda das Tíbias, em que há uma estranha escultura feita de tíbias dispostas em forma de tonel

ao longo do percurso, terá visto placas indicativas da proveniência dos ossos e do ano da sua transferência, mas, saindo, não pode deixar de considerar que gerações inteiras estão ali confundidas, como se o império da morte existisse para ironizar os vivos, negando-lhes a identidade

neste território lúgubre, tanto faz terem os ossos pertencido a um rico, a um pobre, a um religioso, a um bandido, a um bronco ou a um sábio, ao próprio Descartes, cujos restos ali estão

a visão das catacumbas é, por um lado, aterradora; por outro, no entanto, mostra que o homem pode superar o medo da morte através do humor

ele então não ri da caveira quando faz dela tijolo para levantar a sua muralha?

ri da certeza da morte que a caveira lhe dá e do medo que esta desperta

ri da própria morte, que fatalmente um dia o leva desta para outra, faz passar da condição de vivo para a de morto e não lhe dá a menor possibilidade de saber o que ela é

com o riso, ele vence o horror ao seu destino e já não se desvitaliza por ser mortal

indo às catacumbas, tanto se dá conta da longevidade da caveira quanto da brevidade da vida se for budista, talvez resolva se concentrar para suspender o desejo e atingir o nirvana o quanto antes; não sendo, se dirá que é preciso apressar o passo e realizar o que deseja

a certeza da morte, em qualquer caso, fará repensar a existência e procurar, de um modo ou de outro, agir sobre a própria sorte

adentrar as catacumbas importa tanto quanto ver o sol nascer

só a visão das trevas pode nos fazer ver o dia como um verdadeiro clarão

28

O METRÔ

talvez pelo excesso de mortos no subsolo de Paris, houve quem, no fim do século XIX, se opusesse à construção de um metrô subterrâneo e dissesse, em tom de piada, que ia ser um *necropolitano*

num certo sentido, infelizmente, foi

tanto porque cinco operários morreram durante a construção da linha que atravessa o rio, ligando a estação do Châtelet a Saint-Michel, quanto por dois acidentes decorrentes da desobediência cega da massa e do pânico, que, em certas circunstâncias, dela se apodera

o primeiro deles ocorreu em 1903

um trem pega fogo na estação Ménilmontant e a fumaça se espraia em direção à estação Couronnes, onde outro trem com trezentas pessoas aguarda a ordem de partir

como a nuvem negra se aproxima demasiadamente de Couronnes, a ordem é fazer as trezentas pessoas descerem e saírem do metrô

a resposta delas, no entanto, é uma só e a mesma: "Meus três francos! Meus três francos!..." e, apesar do perigo, ninguém desce

subitamente, a fumaça invade a estação e a escada de saída fica encoberta

nisso, as lâmpadas se apagam e só os usuários que conhecem o lugar conseguem atravessar a fumaça e sair; os outros, aterrorizados pela espessa nuvem de fumaça, morrem asfixiados no limite extremo da plataforma

o segundo acidente de monta aconteceu em 1918, durante um dos bombardeios de Paris na Primeira Grande Guerra

a multidão que estava nas ruas vizinhas da estação Bolivar, com o só intuito de ver os aviões passarem, precipitou-se escadaria abaixo quando a bomba detonou

topando em portas que só podiam ser abertas de dentro para fora, as pessoas empurraram até que elas cedessem

muitas pessoas foram esmagadas na escada, outras sofreram quedas fatais e, na manhã seguinte, havia 66 cadáveres na estação

hoje, ainda há mortes no metrô, suicidas ou gente que não respeita as regras impostas aos usuários; porém o que mais impressiona são os tantos desempregados e desabrigados que subsistem esmolando

há sempre um coitado de cócoras na plataforma estendendo a palma da mão ou suspendendo uma cartolina em que terá escrito um texto expondo a sua situação; fica ali horas à espera de uma alma piedosa e na só esperança de ver cair alguma moeda no chapéu, de cujo conteúdo ele depende inteiramente para subsistir

não há como entrar no metrô sem que alguém entre também e, logo depois do fechamento das portas, comece a falar da sua miséria é uma francesa que deveria estar aposentada, implora um euro para comer e constrange todos os presentes: os que teriam preferido estar noutro vagão e os que lhe dão a tão cobiçada moeda

é outra mulher, ainda jovem, roupa suja e rosto amargurado, que carrega o recém-nascido nas costas e pede dinheiro para o leite do menino

são as ciganas, nas quais os parisienses geralmente só veem ladras e, por isso mesmo, lembram a personagem de *Notre-Dame de Paris*, Esmeralda, condenada no século XV à força pelos tantos crimes imaginários "de bruxaria, magia e luxúria, cometidos e confessados"

é o homem de meia-idade que acabou de sair da prisão e surpreende contando isso para conseguir a sua moeda; um mendigo inteligente, que, por confessar o crime, ganha o beneplácito de todos os que ele não amedronta e acabam lhe dando algum dinheiro

o metrô é o lugar onde o pobre vai ao encontro do rico, que, preso no vagão, é obrigado a ouvir a história dele

em Paris, não há hoje uma multidão de cegos, aleijões e criminosos, como no romance de Victor Hugo, mas há muitos desalojados e desempregados, além dos que erram banidos no subterrâneo por causa das suas origens, como as ciganas

são tantos os miseráveis que, se a caridade cristã não existisse, teríamos que inventá-la – o que, por um lado, evidencia o limite do progresso tecnológico e, por outro, explica o poder do cristianismo quem entra no metrô escuta o que quer e o que nao quer, enxerga as caras que desejaria não ter visto e também lê cartazes intrigantes:

outros, como você, estão à procura de um parceiro sexual
com um só telefonema você encontra o seu parceiro e,
até mesmo, uma alma gêmea – por que não?
apenas 37 centavos por um minuto

nenhum publicitário francês que se preze pode esquecer o metrô, de onde o usuário, lendo os cartazes, tanto sairá informado do que ele sequer podia imaginar quanto do que acontece nos museus, teatros e cinemas de uma cidade onde o espetáculo sobretudo não pode parar

29

PARIS VISTA DE CIMA

o maior espetáculo de Paris é Paris vista do alto de Notre-Dame

a entrada custa pouco, mas é preciso ter fôlego para subir à torre: 238 degraus

quem chega no topo é arrebatado por um cenário milenarmente esculpido pela beleza, que fez da cidade um objeto de arte

a subida se dá em três etapas

ao cabo da primeira, há um pequeno museu que conta a história da catedral, obra de um arquiteto genial desconhecido, cuja realização durou quase cem anos (1163 a 1250) e que, nos séculos XVII e XVIII, foi continuamente destruída

assim, em 1802, só existia o esqueleto da obra e, não fosse o romance de Victor Hugo, Notre-Dame não teria sido restaurada por Viollet-le-Duc, que ousou reconstruí-la reinterpretando o projeto original conforme o espírito da Idade Média

a exemplo, o que ele fez na galeria que une as duas torres e é a segunda parada na subida

colocou as gárgulas, que a Idade Média privilegiava e se tornaram tão essenciais à catedral quanto os vitrais do século XIII

entre elas, uma escultura representa o restaurador: é um homem com um gorro medieval que olha fixamente para o teto de ardósia da nave

Viollet-le-Duc fez a crônica de uma restauração, em que não se tratava de reproduzir o original, porém de reinventar a Idade

Média para o século XIX – transfigurar para salvar, como diz o *Guide Bleu*

da galeria das gárgulas até o último degrau, a gente já sobe impulsionada pela emoção que teve olhando a cidade e vendo de perto o entalhamento, uma renda de bilro em pedra

no cimo, quando o impacto da vista passa, os monumentos despontam, exatamente como num filme, um a um: Montmartre, Tour Saint-Jacques, Tour Eiffel, Invalides, Panthéon

quem se volta para Île Saint-Louis e baixa os olhos, deleita-se vendo de cima o jardim à francesa da catedral, as aleias retas de árvores como quadrados, geometricamente cortadas

virando um pouco a cabeça para a esquerda, vê o rio que se abre e envolve a ilha

poderá ouvir a voz de Piaf cantando "o céu de Paris ama a Ilha São Luís" ou "nas imediações de Notre-Dame tem conserto pra tudo"

com uma batida eventual do sino, Quasímodo, o corcunda, entra em cena, segurando-se na corda e se deixando atirar de um para o outro lado, inteiramente feliz

olhando mais e percebendo que Paris é feita da cor da pedra, do cinza, e da cor verde-garapa do rio, a gente se diz que a cidade talvez seja assim para que o imaginário nela possa se liberar e a cor, explodir

bege, cinza e verde para fazer um Renoir pintar, um Manet, um Monet; para que Delaunay, retratando a tão emblemática Torre Eiffel, escolhesse livremente sua cor no alto da torre, ao som de Edith Piaf, da rudeza sublime da voz, a gente só lamenta não estar ainda na Terra para ver o mesmo cenário no fim do ano 3000

o exílio é então um arco-íris e Paris é uma festa

Paris, adeus

Adeus

Adieu

estas ruas cor de sonho e estas águas cor de garapa... o Sena e o seu *bateau-foguete*, o rio que consigo levou as turbulências, rio mágico, espelho meu. Será ele turvo para melhor refletir faróis e lampadários? O rio de águas frias raiando solar...

Adeus! Nem da tua enchente eu mais saberei. Que fique o zuavo medindo a altura e se deixando banhar por mim. As águas no pé, já no joelho e sempre na boca do povo. Se o zuavo falasse, que língua ele falaria? A língua furta-cor da fantasia...

Adeus, *bateau-mouche* de todos os exílios, diásporas e confraternizações. Suave, o balanço das chalupas evocando tantas travessias...

Adeus, rio-mar, em que sem medo eu tantas vezes singrei acostada nas pedras do cais... pontes, máscaras, cavalos alados... Pont Neuf das caretas que de tanto terem me visto nunca me esquecerão. Para que lado vou? Ver de novo os pégasos dourados, que se alçam celebrando monarcas? As alegorias carnavalescas da ponte franco-russa, passarela suspensa do meu samba, porta-bandeira, passista e mestre-sala. Alexandre III o imperador fantasiado como seria? E eu para que lado vou? Olhar ainda no Trocadéro a torre, filigrana cintilante arremessando-se na escuridão, 1.780 andares para a ginga dos meus destaques, a vestal, a dama antiga, a Cinderela negra, as últimas bacantes do Ocidente... A Torre Eiffel da alegria, plumas, paetês e pedrarias...

Mirabolantes carrosséis. Pudesse eu girar eternamente esquecida. Branco ou preto o meu cavalo? Antes da cor de um perdido alazão. Roda, roda, cavalinho...

Uma mansarda, mais uma, três, infinitos cenários das peças que nunca assistirei. O sonho de quem lá mora será moderno, renascentista ou medieval? Viajará em naves espaciais ou numa carruagem? Quererá vestir-se de nudista ou entrar em cena com a lança, o escudo e uma rica armadura? Saudade do que nunca me será dado conhecer...

Paris. Tuas cúpulas nacaradas, verde-jade ou verde-mar. Pudesse eu cultuar tua ópera nas areias oceânicas das praias tropicais. À volta dos teus obeliscos, imagino as farândolas mais surreais, índios retintos, noivas de biquíni e grinalda, fadas azuis de além-mar, tresvariados travestis e curas de batinas douradas. Até os hieróglifos do monólito egípcio eu, ao som dos pandeiros, tamborins e reco-recos, então veria gingar. Uma festa efêmera de papel e purpurina para mais te eternizar, oh, Ramsés. Alegria, faraó! A tua pedra rosa de sienito reluz. A cidade em transe te reverencia. Serpentina como oferenda, uma chuva colorida de confetes...

Que viva Luxor e seja também a antiga Roma homenageada. Celebra Momo-Rei a coluna imitada da trajana. Traz tuas apoteóticas milícias de foliões, gueixas negras, amazonas e mascarados napoleões. Brinca sem medo que os sinos da cidade já badalam tomados pelo ritmo...

O adro da Notre-Dame é teu. Ocupa o espaço dos mistérios e sambando reza a tua missa. Que outro cenário melhor te conviria? Não vês que o pórtico te espelha, exibindo na talha o paraíso? Lá estão, no alto dos contrafortes, as tuas quimeras, os seres que só você ousa ainda imaginar. São de pedra aqueles pássaros, mas também eles querem dançar. Nem a Virgem da fachada mais lá quer estar sentada. Torna-lhe a criança e batiza Maria nas águas bentas da folia. Salve...

Já nisso é Carlos Magno que desce da estátua equestre. Cumprimenta-o e abre enfim o riso farto para os reis de Israel. Convida-os a descer da galeria onde estão, pôr na terra os pés, atravessar a porta da igreja e entrar. O júbilo do teu festim é para todos... Aceita a licença de cardeais e arcebispos e instala no coro a tua bateria de príncipes negros. Das capelas faz camarotes e da nave, uma passarela para o cortejo de Dionísio. Que seja dele o vinho farto. Roda, baiana! Oferece o fausto da tua louca gira. Música, maestro, que o povo todo quer brincar...

Agora, Momo, você com tuas Marilyns negras, tuas loiras havaianas, teus eternos palhaços de subúrbio e teus Chaplins de tanga e cartola, pega cibórios, relicários, ânforas, gomis e segue caminho, vai sambar nas catacumbas, alegrar as almas de Paris. Já nenhuma quer choro nem vela, flores ou coroa de espinhos. Dá-lhes o choro de flauta, violão e cavaquinho. Assim reverenciando os mortos, atravessa os subterrâneos e comigo diz *Adeus*...

Pede ao céu que ressuscite Quasímodo e a este, que volte a zelar por Notre-Dame, impeça o sino de parar. Ao anjo dourado do Châtelet, que proteja a cidade abençoando o teu retorno. Leva-o na memória e acompanha enfim quem, sabendo da noite, quereria eternizar os pirilampos.

Notas

1. Ernest Hemingway, *Paris est une fête*. Paris: Gallimard/Folio, 1973. [*Paris é uma festa*. São Paulo: Bertrand Brasil, 2006.] Jornalista, Hemingway (1899-1961) foi correspondente de guerra em Madri durante a Guerra Civil (1936-1939), que lhe inspirou o célebre romance *Por quem os sinos dobram*. Recebeu o Prêmio Nobel de Literatura em 1954.

2. Henry Miller, ***Jours tranquilles à Clichy***. Paris: Christian Bourgois, 1956, p. 8. [***Dias tranquilos em Clichy***. Lisboa: Livros do Brasil, 1992; *Dias de paz em Clichy*. Rio de Janeiro: José Olympio, 2004.] Miller (1891-1980) levantou muita controvérsia com seus romances autobiográficos e fixados no erotismo. Tornaram-se clássicos no gênero *Trópico de Câncer* e a trilogia *Sexus, Plexus, Nexus*.

3. Ernest Hemingway, ***Le vieil homme et la mer***, Paris: Gallimard/Folio, 1991. [*O velho e o mar*. São Paulo: Bertrand Brasil, 2005.]

4. F. Scott Fitzgerald, ***Gatsby le magnifique***. Paris: Livre de Poche, 1962. [*O grande Gatsby*. Rio de Janeiro: Record, 2003.] O romance foi filmado por Jack Clayton em 1974, com Robert Redford e Mia Farrow nos papéis principais. Considerado um dos mais representativos autores americanos do século XX, Francis Scott Fitzgerald (1896-1940) viveu uma tragédia amorosa quando Zelda, sua mulher, enlouqueceu e foi internada num sanatório. Merecem destaque em sua obra o volume *Contos da era do jazz* e *Suave é a noite* – que foi para as telas em 1962, narrando disfarçadamente a história do casal Fitzgerald.

5. *Notre-Dame de Paris*. Gallimard/Pléïade, 1975. [*Nossa Senhora de Paris* (*O corcunda de Notre-Dame*), Rio de Janeiro: Ediouro, 1990.] Poeta, ensaísta e romancista de grande sensibilidade social, Victor Hugo (1802-1885) militou na política, pagando com o exílio por suas posições democráticas e humanitárias. Por sua volumosa obra e pela constante participação em campanhas pelos direitos humanos, tornou-se uma celebridade e uma das personalidades mais influentes de seu tempo.

6. ***Gargantua et Pantagruel*** em François Rabelais, *Oeuvres complètes*. Paris, Gallimard/Pléïade, 1994. Religioso e erudito humanista, Rabelais (1494-1553) foi também médico, além de escritor. Suas obras, profundamente satíricas e com vocabulário cru, foram repudiadas em seu tempo pelos intelectuais da Universidade de Paris (Sorbonne). Ele é um clássico do Renascimento.

7. ***Le déjeuner sur l'herbe*** ("Almoço na relva"), tela datada de 1863. Primogênito de uma importante família da burguesia, Édouard Manet (1832-1883) não mostrou pendor para as carreiras tradicionais, indo estudar pintura com um mestre realista, com quem se aprofundou na técnica. Depois, deixou as temáticas e o estilo acadêmico para trás, passando a representar cenas e personagens comuns. Outro nu famoso e que provocou escândalo foi *Olympia*, também de 1863. Influenciou os precursores do impressionismo.

8. Éric Daragon, "Manet, quel scandale" ("Manet, que escândalo"), artigo publicado na revista *Télérama*, Naissance de l'Impressionisme, Hors Série, 1994.

9. Eugene Emannuel **Viollet-le-Duc** (1814-1879) foi um dos primeiros defensores da preservação do patrimônio histórico e, por seu interesse em novas técnicas e novos materiais, como a eletricidade e o ferro, é considerado um precursor da arquitetura moderna. A maior parte de sua carreira foi dedicada ao restauro de catedrais e castelos da Idade Média.

10. **Marguerite Yourcenar** (1903-1987), escritora francesa nascida na Bélgica, deixou a Europa no início da Segunda Guerra, em 1939, estabelecendo-se nos EUA, onde, além de escrever, lecionou francês. Sua obra principal, lançada em 1951, é o romance *Memórias de Adriano* (Rio de Janeiro: Nova Fronteira, 1980). Em 1980, tornou-se a primeira mulher a ser aceita na Academia Francesa.

11. I.M. Pei, nascido na China em 1917 e residente nos EUA desde os 18 anos, onde se fixou para estudar, é um dos mais celebrados representantes da arquitetura modernista. Foi professor em Harvard e naturalizou-se americano em 1954. Seu escritório tem sede em Nova York. Seu projeto para a pirâmide do Louvre data de 1989. André **Le Nôtre** (1613-1700), matemático, arquiteto e figura legendária da história dos jardins, serviu Luís XIV de 1645 a 1700, deixando vários discípulos na arte do jardim ***à la française***. Seu pai e seu avô trabalharam no Jardin des Tuileries, que ele redesenhou em Paris; e são suas as concepções dos jardins de Versalhes, Fontainebleau e Chantilly, entre outros.

12. Auguste **Rodin** (1840-1917), considerado o pai da escultura moderna. Tendo iniciado carreira trabalhando com decoração arquitetônica e fachadas em gesso, chegou a 1900, com 60 anos, como escultor de renome internacional. De uma de suas obras mais conhecidas, a *Porta do Inferno*, ele isolou algumas imagens que ficaram famosas, como *O pensador* e *O beijo*. Quanto à estátua do escritor Honoré de Balzac (1799-1850), ela foi qualificada de "ultrajante" quando mostrada em 1898 pela primeira vez – o que não impediu que fosse considerada uma das obras-primas do artista pela posteridade.

13. Éric Daragon, *ido. ibid.*

14. Victor Hugo, ***Les misérables***. Paris: Gallimard/Pléïade, 1986. [*Os miseráveis*. vol. I a V. Lisboa: Europa-América, 1983.]

15. Michel de **Montaigne** (1533-1592) foi magistrado até os 34 anos, quando se retirou para seu castelo com o objetivo de se dedicar aos estudos e à reflexão, passando a escrever as matérias de sua obra máxima, ***Ensaios***, dividida em três partes e publicada em 1580 e 1588 (partes 2 e 3). Os ensaios são textos de reflexão sobre temas variados, do mais corriqueiro aos grandes problemas humanos. *Essais*, Paris: Gallimard/Pléïade, 1950 – no Brasil, a tradução dos três livros sai sob o selo da Editora Martins Fontes.

16. Camille Claudel (1864-1943), irmã do poeta Paul Claudel (1868-1955), chegou a Paris aos 17 anos para estudar escultura. Aluna de

Rodin, com quem trabalhou nas obras *Porta do Inferno* e *Os burgueses de Calais*, ela se torna amante do mestre – que não consegue se separar da companheira dos tempos difíceis, Rose Beuret. Então, afasta-se e trabalha muito para se livrar da influência de Rodin. Porém, sucumbe à doença mental e, de 1913 até sua morte, passa trinta anos internada num manicômio.

17. Edith Piaf (1915-1963), uma das vozes mais marcantes da *chanson* francesa, foi cantora e compositora de fama mundial. Data do fim da guerra, 1945, sua música mais conhecida: "*La vie en rose*". Outros de seus sucessos são "Hino ao amor" (1949), "*Sous le ciel de Paris*" (1954) e "*Non, je ne regrette rien*" (1956). Atuou ainda em dez filmes.

18. Referência ao médico e psicanalista Jacques Lacan (1901-1981), fundador da Sociedade Francesa de Psicanálise (SFP) e da Escola Freudiana de Paris (EFP) após sair da Sociedade Psicanalítica de Paris (SPP) com Daniel Lagache, Françoise Dolto e outros quarenta psicanalistas devido a divergências teóricas e técnicas.

19. A frase **"Navegar é preciso; viver não é preciso"** faz parte de uma nota manuscrita do poeta português Fernando Pessoa (1888-1935) sobre sua necessidade de criar. Aparece na abertura do livro *Mensagem*, na publicação de sua *Obra poética*. Rio de Janeiro: Aguilar, 1960. A frase é atribuída ao general romano Pompeu (106-48 a.C.), que a usava em guerra para animar seus marinheiros.

20. ***Paris Guide Bleu***, vários autores. Paris: Hachette, atualizado anualmente. Modificado nos anos 1990 para incluir fotos, indicações de hotéis, restaurantes etc., a série Guide Bleu ainda conserva o tratamento em profundidade de itens como cultura, civilização, arte e história. A coleção, nascida de um acordo entre editores ingleses e franceses, descende diretamente dos primeiros guias turísticos produzidos na Europa: o de Baedeker (Alemanha, 1828), o de John Murray III (Inglaterra, 1836) e o de Adolphe Joanne (Suíça, 1841).

21. O prédio conhecido como **Bateau-Lavoir** foi declarado monumento histórico em 1965. Seu nome, literalmente "barco-lavanderia", decorre da semelhança entre seus pequenos ateliês e os cubículos de madeira do barco cedido pela Prefeitura de Paris para que as lavadeiras pudessem trabalhar à beira do Sena. Ficava no número 13 da Rue Ravignan, em Montmartre. Entre seus moradores e frequentadores, contam-se artistas como Henri Matisse, Marie Laurencin, Amedeo Modigliani, Pablo Picasso e escritores como Guillaume Apollinaire, Jean Cocteau, Gertrude Stein entre outros.

22. De acordo com os dicionários, o adjetivo ***"rabelaisien, rabelaisienne"*** – rabelaisiano(a) – diz respeito à verve licenciosa de Rabelais em suas obras, mas se refere também aos exageros de glutoneria de seus personagens, os gigantes Gargântua e Pantagruel. Em português, usamos o adjetivo "pantagruélico" para designar oferta excessiva de comidas e bebidas num jantar, por exemplo.

23. **Cyrano de Bergerac**. *Histoire comique des Etats et Empires de la Lune*. Paris: Union Générale d'Édition, Collection 10/18, 1963. O personagem histórico Savinien de Cyrano de Bergerac (1619-1655) foi escritor, poeta e livre-pensador. É de Edmond Rostand (1868-1918) a célebre peça que leva seu nome e fez sua estreia em Paris em dezembro de 1897.

24. O quadro ***Ces dames au réfectoire*** data de 1893 e, como vários trabalhos de Toulouse-Lautrec, captura personagens bebendo e comendo. Vale lembrar ainda que o nome da família do pintor ficou ligado à tradição da cozinha francesa graças a Mapie, que se tornou condessa de Toulouse-Lautrec pelo casamento com um sobrinho-neto do artista. Colunista de cozinha em revistas femininas, ela foi a primeira jornalista a entregar os segredos da alta cozinha francesa ao público. Também manteve uma escola de culinária no restaurante Maxim's. Seu livro, *La cuisine de Mapie*, é um clássico e ainda circula na França.

25. O jornalista, escritor e político francês Léon Daudet (1867-1942), segundo Christian Guy. *Almanach historique de la gastronomie française*. Paris: Hachette, 1981.

26. Especialidade de Joël Robuchon, Restaurant Joël Robuchon (Paris).

27. Especialidade de Guy Martin, Le Grand Véfour Restaurant (Paris).

28. Especialidade de Jean-Claude Vinot, Taillevent (Paris).

29. Especialidade de Roland Durand, Pré-Catalan (Paris).

30. Geneviève Diego-Dartignac & Jean-Bernard Neudin. *Toulouse-Lautrec. Les plaisirs d'un gourmand.* Paris: Editions Scala, 2006.

31. Salvador Dalí. *Les dîners de Gala.* Paris: Draeger, 1973. O livro abre com preceitos da arte da cozinha e tem 55 receitas ilustradas em cores. Lançada ao mesmo tempo que o livro, veio também a edição limitada de um álbum com 12 litografias coloridas de pratos montados. Na margem inferior de cada folha, uma gravura em preto e branco aparece ao lado da assinatura de Dalí (1904-1989).

32. Jean-Jacques Rousseau (1712-1778), filósofo e destacado pensador da política e da educação. ***Les confessions,*** *Oeuvres complètes* v. 1. Paris: Gallimard/Pléïade, 1959. [*Confissões*, vols. 1 e 2. Lisboa: Portugália Editora, 1965.]

33. *Grand dictionnaire de cuisine.* **Alexandre Dumas.** Paris: A. Lemerre, 1873. Autor de *Os três mosqueteiros*, *O conde de Montecristo*, *A rainha Margot*, *Os irmãos corsos*, entre títulos de uma produção tão grande que está sendo organizada sob a forma de dicionário atualmente, o escritor passou a ser referido como "Dumas pai" (1802-1870) quando seu filho e homônimo também abraçou a carreira de escritor.

34. Alexandres Dumas Filho (1824-1895) foi autor de muitos romances e peças de teatro, incluindo *O homem da máscara de ferro* e *O filho natural*. Seu livro *A dama das camélias*, que inspirou a ópera *La traviata*, de Verdi, tem várias edições normais e de bolso no mercado brasileiro.

35. Gustave Flaubert (1821-1880), o escritor que buscava a palavra exata, lançou *Madame Bovary* em 1857 e foi imediatamente denunciado aos tribunais por ofensa à moral e à religião, devido ao tratamento dado ao adultério, Absolvido pelos juízes, foi perseguido pela crítica puritana de seu tempo. O romance é considerado a primeira obra do realismo francês e o ápice do gênero romance no século XIX.

36. **Curnonsky**, pseudônimo do jornalista Maurice Edmond Sailland (1872-1956), proclamado "Príncipe dos Gastrônomos" em 1927; fundou revistas e as primeiras associações de gastrônomos e cronistas especializados em gastronomia da França. Trabalhou em defesa da cozinha regional francesa e foi quem lançou para a fama mundial a *tarte Tatin*, revelada em 1926 em um opúsculo dedicado à cozinha da região de Orléans.

37. Gustave Mirbeau sobre as esculturas implantadas nos Jardins du Carroussel em 1965 por iniciativa do escritor André Malraux (1901-1979), então ministro da Cultura da França.

38. **Stendhal**. *De l'amour*. Paris: Garnier, 1972. [*Do amor*. São Paulo: Martins Fontes, 1999.] O escritor, cujo nome de batismo era Henri-Marie Beyle (1783-1842), autor do célebre *O vermelho e o negro* (1830), é considerado um mestre do romance e precursor do realismo.

39. Louis **Aragon** (1897-1982), poeta e romancista que participou dos movimentos de renovação literária na França, foi um dos fundadores do Movimento Surrealista. Aderiu ao Partido Comunista em 1927 e militou na Resistência Francesa desde o início da Segunda Guerra. Trabalhou como jornalista nos jornais comunistas *L'Humanité* e *Ce Soir*, atuando também como editor de livros.

40. **Chateaubriand**. *Vie de Rancé*. Paris: Gallimard/Pléïade I, 1969. François-René Auguste, visconde de Chateaubriand (1768-1848), foi poeta, dramaturgo, ensaísta e romancista de enorme influência na literatura europeia, considerado o fundador do romantismo. Ganhou fama com a obra *O gênio do cristianismo*, uma defesa da fé católica que levou a uma retomada da religião na França pós-revolucionária.

41. **A lanterna dos mortos** faz parte dos ritos de culto aos mortos do cristianismo ocidental. Deve brilhar a noite inteira ao lado do defunto ou diante da casa, como símbolo da imortalidade da alma, que transcende o corpo perecível.

EDIÇÕES BestBolso

Este livro foi composto na tipologia Minion Pro Regular, em corpo 10,5/13, e impresso em papel off-set 56g/m² no Sistema Cameron da Divisão Gráfica da Distribuidora Record.